改訂版

ベストプレイへのメンタルトレーニング

心理的競技能力の診断と強化

徳永幹雄
［著］

MENTAL
TOUGHNESS
TRAINING

大修館書店

●まえがき

スポーツ心理学を専門とする著者は、心理学の分野からもっと選手にサポートできるような仕事ができないかと思っていました。特に、スポーツ選手の精神力については深い関心をもっていました。「精神力を測定できないことが、精神力のトレーニングの方向がみえない原因だ。まずこのことを明らかにしよう」と思いたったのが、ちょうど16年ほど前のことです。精神力の内容を表現している言葉を日本や外国の文献から拾い集めたり、実際に「精神力を表現している言葉を自由に書いてください」といった調査を繰り返し行いました。その結果、精神力の内容は忍耐力、闘争心、自己実現意欲、勝利意欲、リラックス能力、集中力、自己コントロール能力、自信、決断力、予測力、判断力、協調性の12の内容にしぼることができました。そして、この内容を「心理的競技能力」と呼ぶことにしました。まだまだ十分ではありませんが、著者が考える精神力とは、とにかくこのような内容であるということでスタートしたわけです。

折しも、米国ではＪ・マホーニーがこうした能力を「心理的スキル（技術）」と呼び、類似した調査法を開発しています。技術ですからトレーニングしないと伸びないし、トレーニングすれば向上するということです。また、最近ではＪ・レーアの「メンタル・タフネス」やＣ・Ａ・ガーフィールドの「ピーク・パフォーマンス」などの調査法やトレーニング法などが次々と出版されています。さらに、米国ではゴルフ、野球、バスケットボール、テニスなど競技種目ごとのメンタルトレーニングの著書が出版され、日本でもその翻訳書が続々と出版されました。

こうした米国の流れの中で、著者の考えが間違っていないことに意を強くして、日本版「心理的競技能力診断検査」を作成し、ごく普通のスポーツ選手から一流選手までの調査を行いました。そして、この検査が試合中の心理状態や実力発揮度、さらには競技成績に関係していることを明らかにしてきました。つまり、この心理的競技能力診断検査の有効性を証明することができたのです。また、数年後には試合前や試合中の心理状態を診断する検査を作成し、心理的競技能力の評価尺度のシステム化を完成しました。

ここまでは、何とか辿りつきました。しかし、問題はこれらの心理的競技能力をどのようにして強化すればよいかということであります。世界中のスポーツ心理学者がいろいろなメンタルトレーニング法を紹介しています。著者らはバイオフィードバック機器（特に皮膚温を中心）を用いてリラクセーションと集中力をトレーニングし、その後イメージトレーニングを行うという方法を用いました。すなわち、メンタルトレーニングの基本は、リラックス能力、集中力、イメージ能力の三本柱をトレーニングすることが重要であると考え、トレーニングプログラムを作りました。オリンピックを目指す選手、インターハイを目標にする選手、ジュニアの水泳選手などを対象に指導してきました。

こうしたメンタルトレーニングを続けるうちに、ある一定のトレーニングの内容とその進め方を確立しました。それは、「心理的競技能力の診断→目標の設定→リラクセーションのトレーニング→集中力のトレーニング→イメージによる課題のトレーニング→練習や試合に向けての利用→本番（試合）→試合後の反省」といったサイクルであります。

本書では、皆さんの心理的競技能力の診断とその強化法を述べたつもりです。メンタルトレーニングを行うことによって競技への意欲が高まり、ベストプレイや実力が十分に発揮でき、勝利につながることを期待して執筆しました。ただ、メンタルトレーニングは、練習でできることを試合でもできるようにするために行うものです。メンタルトレーニングをしたからといって、試合に勝ったり、練習でできないことが試合でできるようにはなりません。著者には練習でできないことが、試合でできるようになるような超能力を指導する力はありません。すなわち、メンタルトレーニングの目的は練習でできることを試合で発揮できる確率を高め、その確率を安定させるということです。試合では、まず自分のベストプレイを発揮しなければなりません。勝利はその後についてくるものです。したがって、「ベストプレイへのメンタルトレーニング」とは、実力発揮のためのトレーニングということになります。幸いにも、メンタル面は技術や体力と違って、何歳になってもトレーニングすれば伸びます。勝利にあまりにもこだわりすぎるのではなく、自分のベストプレイを発揮するという原点に立ち返ることにより、あなたの競技成績はもう一段、向上するものと信じます。

著者もまだまだ年齢別のテニストーナメントに出場しています。そう簡単にメンタル面が強化されないことも実感しています。しかし、時々、快心のプレイができることもあります。常に自分の目標を設定し、向上心をもって、勝利へつながるように技術の練習や体力のトレーニングを行って、競技成績を高めなければなりません。スポーツの試合は展覧会と同じだと思います。入選するためには努力しなければなりません。落選したら自分にできる精いっぱいの努力をして、また出品すれば良いのです。

本書が、あなたのスポーツに何らかの意識改革を起し、練習法が変化し、常にベストプレイが発揮できることになれば幸いであります。

二〇〇三年五月

徳永　幹雄

ベストプレイへのメンタルトレーニング——もくじ——

第1章

あなたの「心理的競技能力」を診断します

さて、本書の本論を読まれる前に、あなたのスポーツ選手としての心理的競技能力を質問紙法で調査してみたいと思います。3つの内容に分かれています。1つは試合場面で必要な一般的な心理的特性についてです。他の2つは試合前の心理状態と試合中の心理状態をみるものです。前者は「特性」、後者の2つは「状態」としての心理的競技能力をみるものです。いずれも、スポーツ選手が試合場面でベストのプレイを発揮するために必要な心理的な能力です。

1　心理的競技能力の診断

それでは始めましょう。次の注意事項を読んでください。

1　注意事項

(1) 質問項目には、スポーツの試合における心理的なことが書いてあります。各文章を読んで、あなたがいつもの自分をどのように思っているかについて、答えてください。

(2) 質問に対する答えは、すべて次の5段階に統一されています。

1　ほとんどそうでない（0～10％）

2　ときたまそうである（25％）

3　ときどきそうである（50％）

4　しばしばそうである（70％）

5　いつもそうである（90～100％）

この中から自分の気持ちに最も当てはまるものを1つ選んで○印をつけてください。

(3) 答えは、「正しい答え」とか「間違った答え」といったものはありません。自分の特徴を知るのが目的ですので、自分の気持ちのとおり答えてください。

(4) 1つの質問について5秒前後で答え、全体を10～15分で終わるようにしてください。

(5) 質問は全部で52問あります。答えは、この本に直接記入してください。

2 記入法と回答の記入

それでは練習問題を例にならって答えてください。

	答え
	←ほとんどそうでない / ←ときたまそうである / ←ときどきそうである / ←しばしばそうである / ←いつもそうである

	←ほとんどそうでない	←ときたまそうである	←ときどきそうである	←しばしばそうである	←いつもそうである
例　① 試合前になると手足がふるえる	1	2	3	④	5
練習　① どんな試合でも最後まであきらめない	1	2	3	4	5
② 試合前になると失敗しないかと心配になる	1	2	3	4	5

それでは、本番です。

	←ほとんどそうでない	←ときたまそうである	←ときどきそうである	←しばしばそうである	←いつもそうである
① 苦しい場面でもがまん強く試合ができる	1	2	3	4	5
② 大試合になればなるほど闘志がわく	1	2	3	4	5

③自分の可能性へ挑戦する気持ちで試合をしている	1	2	3	4	5
④試合前には「絶対負けられない」と思っている	1	2	3	4	5
⑤試合になると自分をコントロール（管理）できなくなる	1	2	3	4	5
⑥勝敗を気にしすぎて緊張する	1	2	3	4	5
⑦落ち着いてプレイ（動き）ができなくなる	1	2	3	4	5
⑧プレッシャーのもとでも実力を発揮できる自信がある	1	2	3	4	5
⑨ここという時に、思い切りのよいプレイ（試合）ができる	1	2	3	4	5
⑩作戦はうまく的中する	1	2	3	4	5
⑪判断力は優れている	1	2	3	4	5
⑫チームワークを大切にする	1	2	3	4	5
⑬試合で負けた時は、失敗した人を口汚くののしり、みんなの見せしめにする	1	2	3	4	5
⑭忍耐力を発揮できる	1	2	3	4	5
⑮試合になると闘争心がわいてくる	1	2	3	4	5
⑯「自分のために頑張るのだ」という気持ちで試合をしている	1	2	3	4	5
⑰試合前には「絶対に勝ちたい」と思っている	1	2	3	4	5
⑱緊張していつものプレイ（動き）ができなくなる	1	2	3	4	5

⑲ 試合になると精神的に動揺する	1	2	3	4	5
⑳ 冷静さを失うことがある	1	2	3	4	5
㉑ 自分の能力に自信をもっている	1	2	3	4	5
㉒ 試合では決断力がある	1	2	3	4	5
㉓ 作戦をすばやく切り換えることができる	1	2	3	4	5
㉔ 試合の流れをすばやく判断できる	1	2	3	4	5
㉕ チームの仲間やパートナーと励ましあってプレイ（試合）をする	1	2	3	4	5
㉖ 自分が失敗しても、他人のせいにして絶対にあやまらない	1	2	3	4	5
㉗ ねばり強い試合ができる	1	2	3	4	5
㉘ 相手が強いほどファイトがわく	1	2	3	4	5
㉙ 自分なりの目標をもって試合をしている	1	2	3	4	5
㉚ 試合で負けると必要以上にくやしがる	1	2	3	4	5
㉛ 気持ちの切り換えがおそい	1	2	3	4	5
㉜ 試合前になると不安になる	1	2	3	4	5
㉝ 試合になると観衆のことが気になって注意を集中できない	1	2	3	4	5
㉞ 自分の目標を達成できる自信がある	1	2	3	4	5
㉟ 失敗を恐れずに決断できる	1	2	3	4	5

㊱	勝つためにあらゆる作戦を考えている	1	2	3	4	5
㊲	大事なところで的確な判断ができる	1	2	3	4	5
㊳	私には団結心がある	1	2	3	4	5
㊴	試合中に反則をおかしたら、審判の判定に従う	1	2	3	4	5
㊵	身体的な苦痛や疲労には耐えることができる	1	2	3	4	5
㊶	大事な試合になると精神的に燃えてくる	1	2	3	4	5
㊷	自分なりの「やる気」がある	1	2	3	4	5
㊸	試合内容より勝つことを第一にしている	1	2	3	4	5
㊹	顔がこわばったり、手足がふるえたりする	1	2	3	4	5
㊺	試合になるとプレッシャーを感じる	1	2	3	4	5
㊻	勝敗のことが気になって集中できない	1	2	3	4	5
㊼	どんな場合でも自分のプレイ（試合）ができる自信がある	1	2	3	4	5
㊽	苦しい場面でもすばやく決断することができる	1	2	3	4	5
㊾	予測がうまく当たる	1	2	3	4	5
㊿	苦しい場面でも冷静な判断ができる	1	2	3	4	5
(51)	チームの仲間やパートナーとうまく協力してプレイ（試合）をする	1	2	3	4	5
(52)	すばらしいプレイには敵・味方なく拍手をする	1	2	3	4	5

以上で終わりです。書き落としや訂正がないか確かめてください。

3 得点化

次に、あなたの答えを得点化します。

次の(1)～(6)の指示に従って作業を進めてください。

(1) ①～52までの答えを表1（14ページ）の心理的競技能力診断検査の採点表に移しかえます。
転記は各質問番号に対して答えた番号の列にある数字を○印で囲んでください。

(2) 例題①の答えは「4　しばしばそうである」ですから、採点表の「4　しばしばそうである」の欄に該当する数字である「2」を○印で囲む。同様に、練習①の答えが、もし「1　ほとんどそうでない」であれば、採点表の「1」の欄の1を○印で囲む。また、練習②の答えが、もし「5」であれば、採点表の「5」の欄の「1」に○印をつけることになります。

(3) 同様の方法で質問①、⑭、㉗、㊵…と順番に、答えを採点表に移しかえてください。

(4) 横の欄で○印のついた数字を合計して、小計を記入してください。

(5) 小計を加算して合計点を出してください。

(6) 項目の1から12までを加算して総合得点を出してください。項目の13は加えないでください。

表1　心理的競技能力診断検査の採点表

因子	項目（尺度）	例題・練習／質問番号	1・ほとんどそうでない	2・ときたまそうである	3・ときどきそうである	4・しばしばそうである	5・いつもそうである	小計	合計
		例題	5	4	3	②	1	（4）点	（4）点
		練習①	①	2	3	4	5		
		練習②	5	4	3	2	①		
1 競技意欲	1 忍耐力	①	1	2	3	4	5	（　）点	（　）点 項目1から4までの合計点
		⑭	1	2	3	4	5		
		㉗	1	2	3	4	5		
		㊵	1	2	3	4	5		
	2 闘争心	②	1	2	3	4	5	（　）点	
		⑮	1	2	3	4	5		
		㉘	1	2	3	4	5		
		㊶	1	2	3	4	5		
	3 自己実現意欲	③	1	2	3	4	5	（　）点	
		⑯	1	2	3	4	5		
		㉙	1	2	3	4	5		
		㊷	1	2	3	4	5		
	4 勝利意欲	④	1	2	3	4	5	（　）点	
		⑰	1	2	3	4	5		
		㉚	1	2	3	4	5		
		㊸	1	2	3	4	5		
2 精神の安定・集中	5 自己コントロール	⑤	5	4	3	2	1	（　）点	（　）点 項目5から7までの合計点
		⑱	5	4	3	2	1		
		㉛	5	4	3	2	1		
		㊹	5	4	3	2	1		
	6 リラックス	⑥	5	4	3	2	1	（　）点	
		⑲	5	4	3	2	1		
		㉜	5	4	3	2	1		
		㊺	5	4	3	2	1		
	7 集中力	⑦	5	4	3	2	1	（　）点	
		⑳	5	4	3	2	1		
		㉝	5	4	3	2	1		
		㊻	5	4	3	2	1		

因子	項目（尺度）	質問番号	1・ほとんどそうでない	2・ときたまそうである	3・ときどきそうである	4・しばしばそうである	5・いつもそうである	小計	合計
3 自信	8 自信	⑧	1	2	3	4	5	（　）点	（　）点 項目8から9までの合計点
		㉑	1	2	3	4	5		
		㉞	1	2	3	4	5		
		㊼	1	2	3	4	5		
	9 決断力	⑨	1	2	3	4	5	（　）点	
		㉒	1	2	3	4	5		
		㉟	1	2	3	4	5		
		㊽	1	2	3	4	5		
4 作戦能力	10 予測力	⑩	1	2	3	4	5	（　）点	（　）点 項目10から11までの合計点
		㉓	1	2	3	4	5		
		㊱	1	2	3	4	5		
		㊾	1	2	3	4	5		
	11 判断力	⑪	1	2	3	4	5	（　）点	
		㉔	1	2	3	4	5		
		㊲	1	2	3	4	5		
		㊿	1	2	3	4	5		
5 協調性	12 協調性	⑫	1	2	3	4	5	（　）点	（　）点 項目12と同じ
		㉕	1	2	3	4	5		
		㊳	1	2	3	4	5		
		(51)	1	2	3	4	5		
	13 嘘尺度	⑬	5	4	3	2	1	（　）点	（　）点 項目13と同じ
		㉖	5	4	3	2	1		
		㊴	1	2	3	4	5		
		(52)	1	2	3	4	5		

総合得点（項目1から12までの合計。項目13は含めない。）	（　）点

注意：項目（尺度）5、6、7、13の○印のつけ方を間違わないようにしてください。

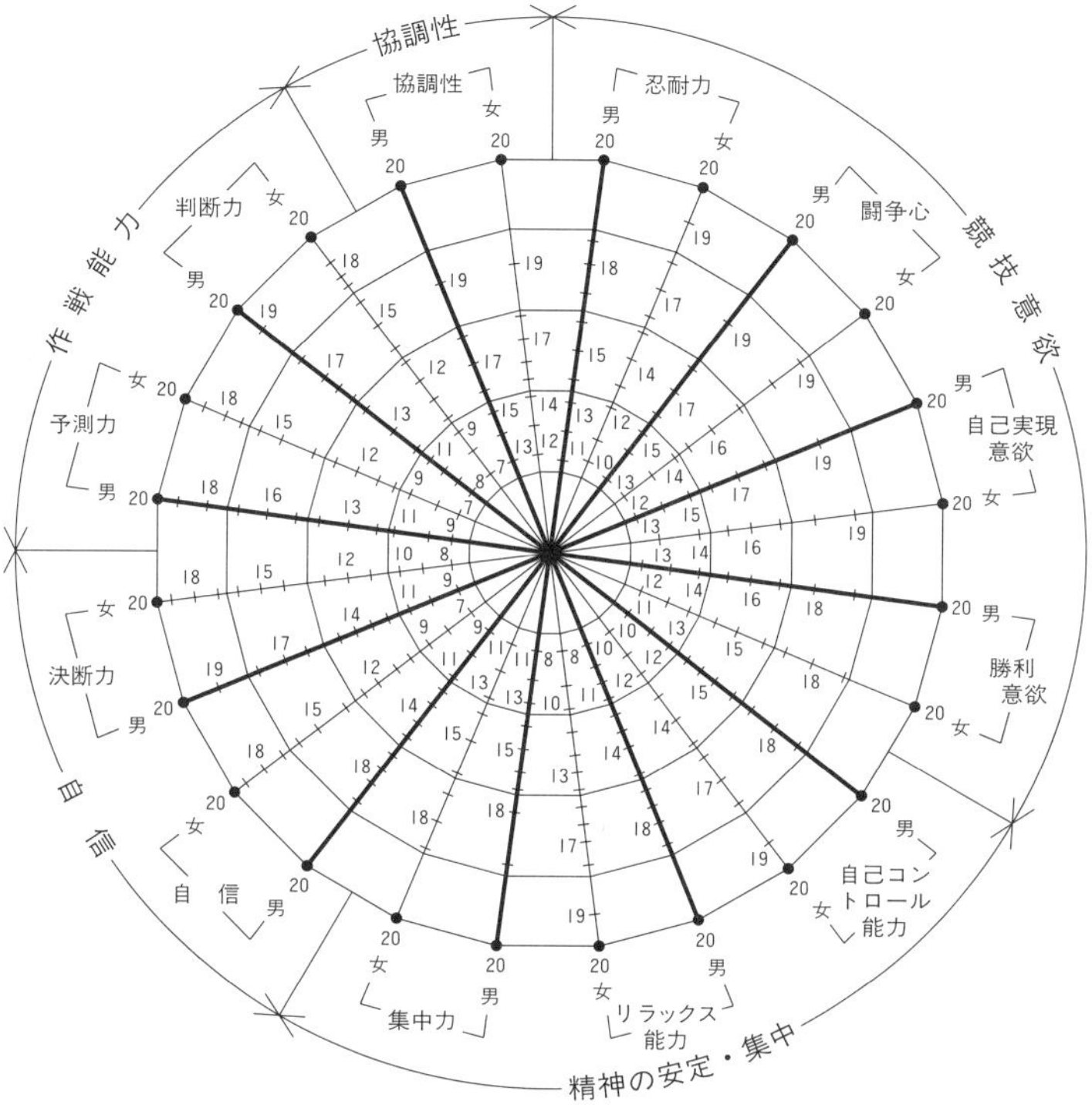

1．忍耐力…がまん強さ、ねばり強さ、苦痛に耐える。
2．闘争心…大試合や大事な試合での闘志やファイト、燃える。
3．自己実現意欲…可能性への挑戦、主体性、自主性。
4．勝利意欲…勝ちたい気持ち、勝利重視、負けず嫌い。
5．自己コントロール…自己管理、いつものプレイ、身体的緊張のないこと、気持ちの切りかえ。
6．リラックス…不安・プレッシャー・緊張のない精神的なリラックス。
7．集中力…落ちつき、冷静さ、注意の集中。
8．自信…能力・実力発揮・目標達成への自信。
9．決断力…思いきり、すばやい決断、失敗を恐れない決断。
10．予測力…作戦の的中、作戦の切りかえ、勝つための作戦。
11．判断力…的確な判断、冷静な判断、すばやい判断。
12．協調性…チームワーク、団結心、協力、励まし。
13．嘘尺度…検査結果の信頼性。

図1　心理的競技能力の項目別プロフィール(DIPCA.3)

4 プロフィール（輪郭、全体像）の描き方

(1) 項目別（尺度別）プロフィール

図1のプロフィールの中に各項目の小計の得点が該当する箇所を赤色で○印をつけてください。男子は男子用、女子は女子用を使ってください。そして、すべての○印を赤線で結び、円グラフをつくります。図2は項目別プロフィールの記入例です。

(2) 因子別プロフィール

図3の心理的競技能力の因子別プロフィールの中に、各因子の合計得点が該当する箇所を赤色で○印をつけてください。これも男女別になっています。そして、すべての○印を赤線で結び、折れ線グラフをつくります。図4は因子別プロフィールの記入例です。

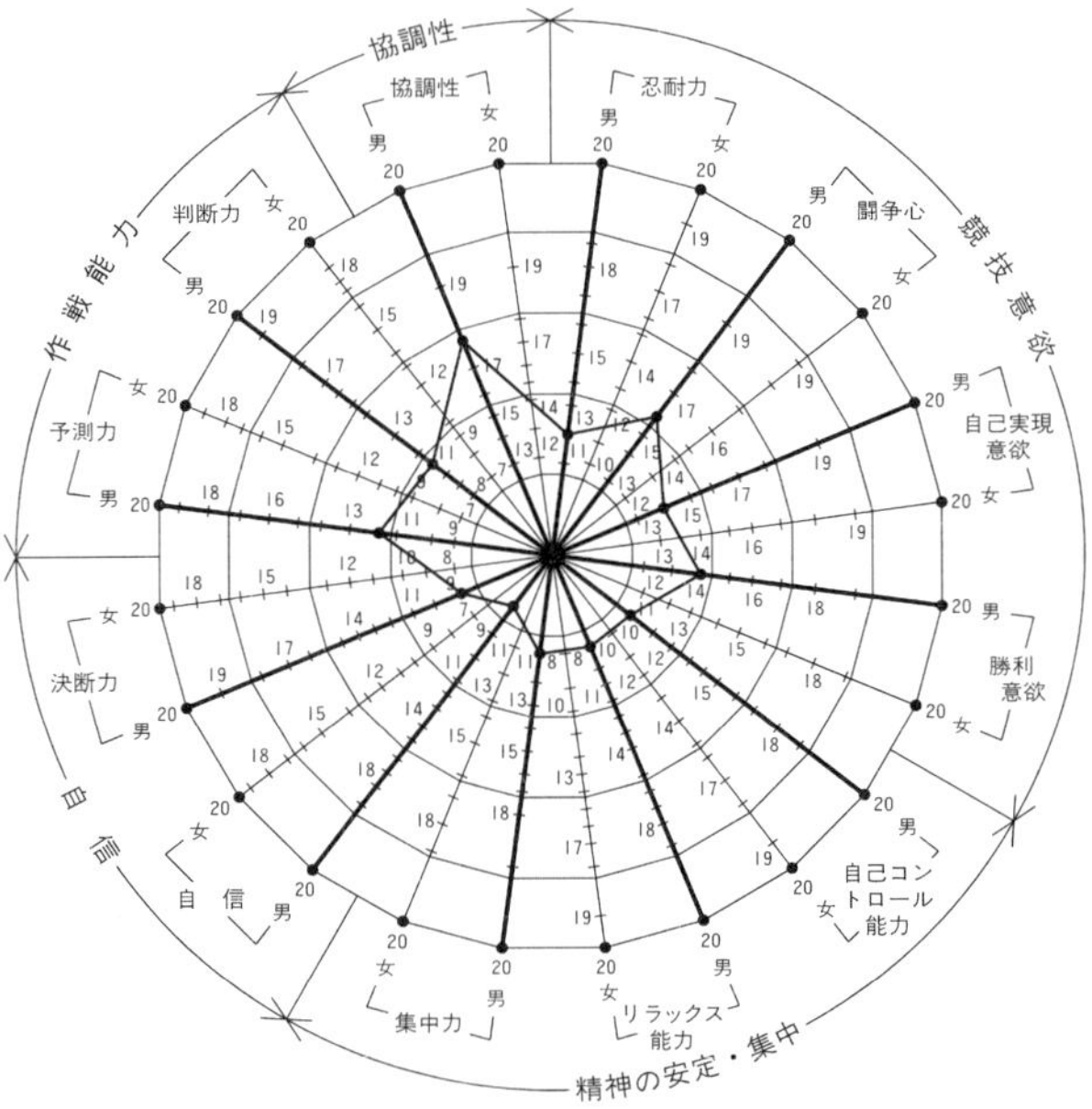

図2　心理的競技能力の項目別プロフィールの記入例（DIPCA.3）

総合得点の判定

総合得点	(　　　)
判　　定	(　　　)

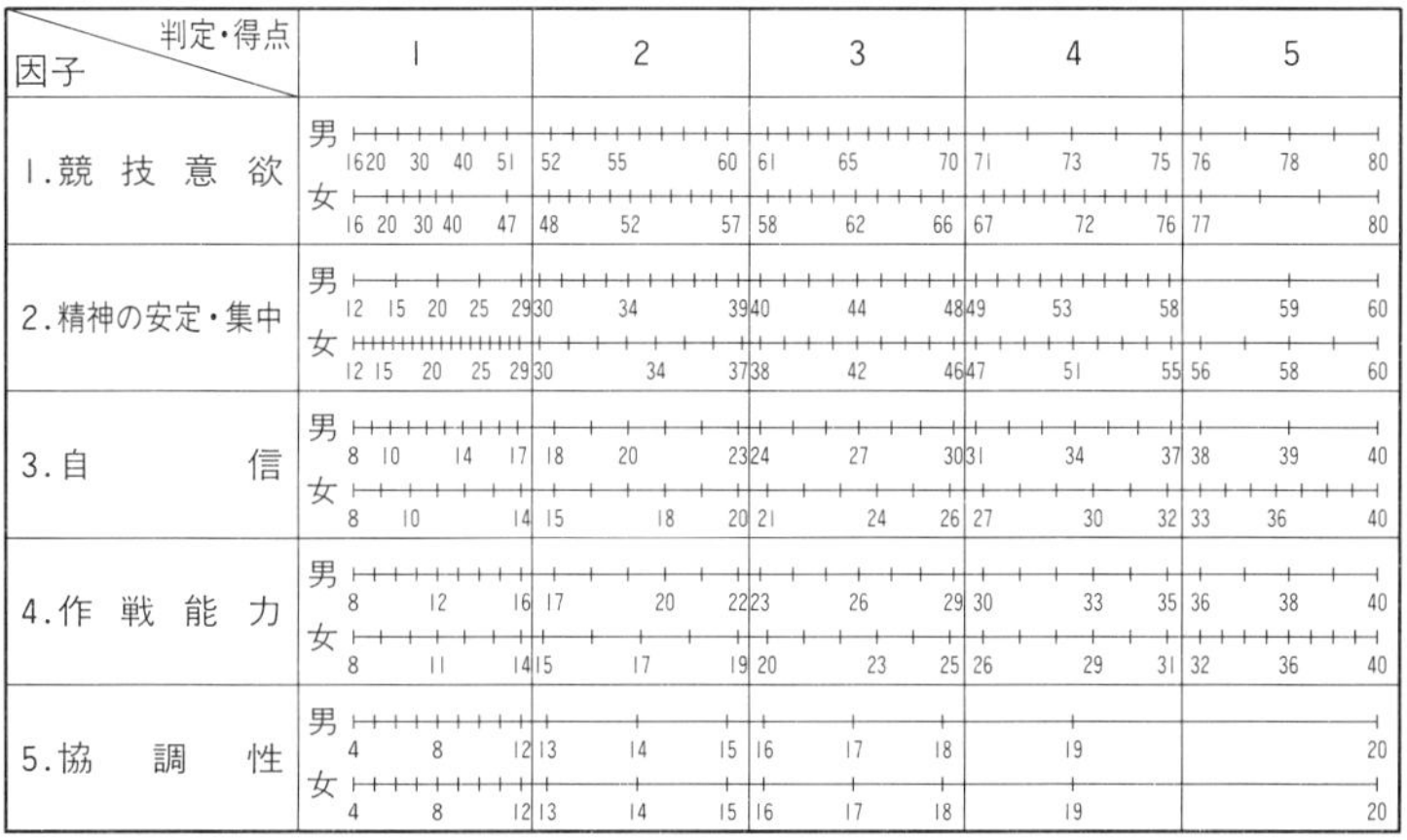

図3　心理的競技能力の因子別プロフィール（DIPCA.3）

総合得点の判定

総合得点	(142)
判　　定	(2)

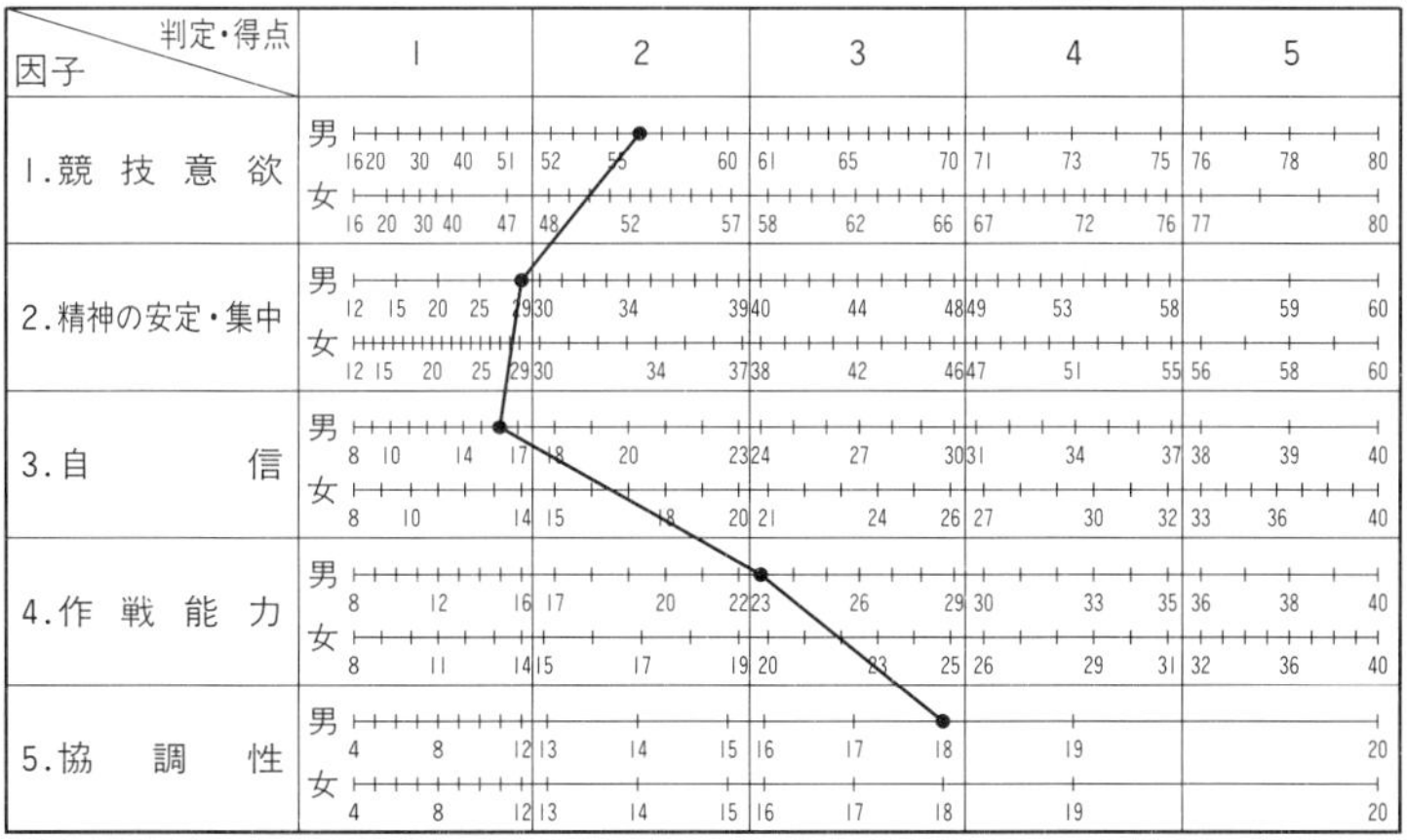

図4　心理的競技能力の因子別プロフィールの記入例（DIPCA.3）

5 調査結果の診断法

(1) 項目別

図1（項目別プロフィール）は心理的競技能力の内容を詳しくみたものです。線が外側に広がり高得点になるほど望ましいといえます。また、線のデコボコ（凸凹）が少ないほどバランスがとれています。すなわち、円が外側に大きく、デコボコが少ないほど望ましい心理的特性といえます。線がへこんでいる内容は、特にトレーニングする必要があります。

各項目の内容は、図1の下に説明してあるように、高得点になるほど、書いてある傾向が強くなります。図2の人は、協調性だけは他の尺度に比較してやや優れていますが、自信、決断力、リラックス、自己コントロール、集中力、判断力、予測力、忍耐力といった能力で著しく低いことがわかります。あなたの結果を自己診断してみてください。図2の人（男子）の項目別のコメントは、次のとおりです。

①忍耐力(12点、判定2)…あなたの忍耐力はやや低いと判定されました。忍耐力は目標達成する人にとっては大切な能力です。練習の時から苦しさに耐え、がまん強さやねばり強さを発揮できるようにしてください。

②闘争心(16点、判定3)…闘争心はやや低いと判定されました。試合では闘う気持ちが必要です。練習の時から闘志やファイトを出し、積極的にプレイして、試合では精神的に燃えるようにしてください。

③自己実現意欲(14点、判定2)…自己実現意欲はやや低いと判定されました。スポーツでは自分の目標をつくり、それを達成するために努力することが大切です。自分の目標を決め、可能性に挑戦する気持ちで自分のために頑張ってください。

④勝利意欲(14点、判定2)…勝利意欲はやや低いと判定されました。試合では勝ちたい気持ちも大切です。勝つための練習や勝つための作戦を立てて練習してください。努力して勝利を得ることは価値あることです。

⑤自己コントロール能力(10点、判定2)…自己コントロール能力はやや低いと判定されました。試合前はからだの緊張を十分にほぐして、いつものプレイをしましょう。失敗しても気持ちの切り換えを早くするなど、自己管理をうまくしてください。

⑥リラックス能力(8点、判定2)…リラックス能力はやや低いと判定されました。試合前は、勝つことや負けることを考えると不安やプレッシャーを感じるので、「実力発揮、目標達成、思いきりする」ことを考え、精神的にリラックスしてください。

⑦集中力(11点、判定2)…集中力はやや低いと判定されました。試合では集中すること、集中を妨害されないこと、集中力を維持することの3つが非常に大切です。練習の時から集中することを心掛けてください。

⑧自信(7点、判定1)…自信は非常に低いと判定されました。試合前は自分にできることを十分に行い、目標達成や実力発揮のために、自分にできることは全部やったと、自信をもって試合に参加してくだ

さい。

⑨決断力（9点、判定2）…決断力はやや低いと判定されました。試合では決断が遅れると取り返しがきかない敗因や失敗につながります。練習の時から「思いきりする、すばやい決断、失敗を恐れない決断」をするようにしてください。

⑩予測力（12点、判定3）…予測力は普通（平均値）と判定されました。もう少し予測力を高めるために、日頃から作戦や作戦の切り換えをうまくするなど、予測が的中するように練習しましょう。

⑪判断力（11点、判定2）…判断力はやや低いと判定されました。試合ではいろいろな状況に対して、冷静で的確な判断をすばやくすることが求められます。日頃から、それらの判断が的中するように練習しましょう。

⑫協調性（18点、判定3）…協調性は普通（平均値）と判定されました。もう少し協調性を高めるために、練習や試合中は積極的に声をかけ合ったり励まし合ったりして、チームワークを高めてください。

⑵ 因子別

図3（因子別プロフィール）は、心理的競技能力を大別してみたものです。判定は「5」になるほど望ましく、得点も高くなるほど望ましいといえます。すなわち、線が右側によっているほど、心理的競技能力が優れていることを示しています。左側によっている内容は、望ましくないので、トレーニングする必要があります。

図4の人（男子）は、自信と精神の安定・集中が著しく低く、作戦能力も今ひとつということができます。ただ、協調性だけは他の因子に比較してやや優れています。あなたの結果を自己診断してみてください。

各因子の内容は、次のとおりです。高得点ほど、左記の傾向が強くなります。

1　競技意欲……忍耐力、闘争心、自己実現意欲、勝利意欲
2　精神の安定・集中……リラックス能力、集中力、自己コントロール能力
3　自　信……自信、決断力
4　作戦能力……予測力、判断力
5　協調性

(3) 総合得点

すべての得点を総合してみました。総合したことの意味は問題があるかも知れませんが、1つの傾向として見ることにしました。多くのスポーツ選手の資料から総合得点を5段階に分類し、判定表をつくると、表2のとおりです。図4の人は総合得点が142点ですので、「やや低い」ということができます。

なお、嘘（うそ）尺度は検査の信頼性をみる項目です。平均が17〜18点です。12点以

表2　心理的競技能力診断検査の総合得点の判定表

性別＼判定	1（非常に低い）	2（やや低い）	3（平均）	4（やや優れている）	5（非常に優れている）
男　子	141点以下	142〜164	165〜186	187〜209	210点以上
女　子	131点以下	132〜154	155〜178	179〜202	203点以上

下であれば検査の信頼性に乏しいので、回答をチェックし直すか、検査全体に問題があるので診断しないでください。

以上であなたの心理的競技能力の一般的特性を診断したことになります。いかがでしたでしょうか。自己評価ですので自分を厳しく評価すれば望ましくない傾向になりますし、甘く評価すれば良い結果が出ることになります。これがすべてではありませんが、１つの方法であると理解していただければよいと思います。図２の人（男子）の総合的コメントは、次のとおりです。

総合得点（１４２点）　判定２

あなたの総合得点は１４２点です。一流選手と比較するとやや低い心理的競技能力と判定されました。実力発揮できるようになるためには、総合得点を高くすることが必要です。12の尺度内容をトレーニングすることが必要です。とくに低いと判断された内容を、まず練習でも発揮できるようにしてください。精神の安定・集中は「非常に低い」ようですので、バイオフィードバックによるトレーニングを週３〜４回行ってください。作戦能力は「まあまあ（中程度）」ですが、イメージトレーニングを週３〜４回行ってください。

2 試合前の心理状態の診断

2番目の質問は、試合前1日から1か月くらいの期間に行うもので、試合日に合わせて心理的コンディショニングがうまくできているかをチェックするためにつくられたものです。たとえば、試合前1か月、10日前、1週間前、2日前と何回やっても構いません。もし、あなたが試合前であれば、今の状態について書き、もし試合前でなければ以前の試合のことを思い出して書いてみてください。

次の注意事項を読んでください。

1 注意事項

(1) 以下に、試合前の心理状態について22個の質問があります。各文章を読んで自分の今の状態について答えてください。

(2) 質問に対する答えは、すべて次の5段階に統一されています。

1 まったくそうでない
2 あまりそうでない
3 どちらともいえない
4 かなりそうである

5　そのとおりである

この中から、自分の状態に最もあてはまるものを1つ選んでください。

2　記入法と回答の記入

答えは、例にならってあなたの状態に最も近い番号を○印で囲んでください。

それでは、本番です。

答え	←まったくそうでない	←あまりそうでない	←どちらともいえない	←かなりそうである	←そのとおりである
(例)　試合前なのでイライラしている	1	2	3	④	5
①　苦しい練習でも耐える気持ちがある	1	2	3	4	5
②　精神的に燃えている	1	2	3	4	5
③　可能性に挑戦する気持ちで練習している	1	2	3	4	5
④　今度の試合は「絶対に勝ちたい」と思っている	1	2	3	4	5
⑤　試合前なのに、規則正しい生活ができていない	1	2	3	4	5
⑥　勝敗のことが気になって緊張している	1	2	3	4	5
⑦　試合前なのに練習に集中できていない	1	2	3	4	5
⑧　今度の試合では実力を発揮できる自信がある	1	2	3	4	5
⑨　試合のためにいろいろな情報を集めている	1	2	3	4	5
⑩　チームの仲間と協力して練習している	1	2	3	4	5

⑪ 自分の失敗は常に他人のせいにしている	1	2	3	4	5
⑫ 良い結果を出すため、何かにつけがまんしている	1	2	3	4	5
⑬ ファイトは十分にある	1	2	3	4	5
⑭ 「自分のために頑張るのだ」という気持ちで練習している	1	2	3	4	5
⑮ 今度の試合は内容より勝つことを第一にしている	1	2	3	4	5
⑯ 体調（睡眠、食欲、排便）がいつもよりよくない	1	2	3	4	5
⑰ 試合のことが気になって不安である	1	2	3	4	5
⑱ 試合前なので何かと落ち着きがない	1	2	3	4	5
⑲ 今度の試合では自分の目標を達成できる自信がある	1	2	3	4	5
⑳ 作戦を立て、イメージなどで確認している	1	2	3	4	5
㉑ チームワークを大切にしている	1	2	3	4	5
㉒ この検査の私の答えは信用できない	1	2	3	4	5

3 得点化

あなたの答えを得点化しますので、次の指示に従ってください。

(1) ①〜㉒までの答えを表3（26ページ）の試合前の心理状態診断検査の採点表に移しかえます。転記は各質問番号に対して、答えた番号の列にある数字を○印で囲んでください。

(2) 例題の答えは「4 かなりそうである」ですから、採点表の「4 かなりそうである」の欄に該当する数字である「2」を○印で囲む。

(3) 同様の方法で質問①、⑫、②…と順番に、答えを採点表に移しかえてください。とくに項目5・6・10の○印のつけ方を間違わないようにしてください。答えた番号の列にある数字を○印で囲みます。

(4) 各項目ごとに、横の欄で○印のついた数字を合計してください。

(5) 項目の1から9までを加算して、総合得点を出してください。項目10は嘘尺度ですから加えないでください。

表3　試合前の心理状態診断検査の採点表

項目(尺度)	答え／質問番号	1・まったくそうでない	2・あまりそうでない	3・どちらともいえない	4・かなりそうである	5・そのとおりである	合計
	例	5	4	3	②	1	2(点)
1.忍耐度	①	1	2	3	4	5	(　)点
	⑫	1	2	3	4	5	
2.闘争心	②	1	2	3	4	5	(　)点
	⑬	1	2	3	4	5	
3.自己実現意欲	③	1	2	3	4	5	(　)点
	⑭	1	2	3	4	5	
4.勝利意欲	④	1	2	3	4	5	(　)点
	⑮	1	2	3	4	5	
5.リラックス度	⑥	5	4	3	2	1	(　)点
	⑰	5	4	3	2	1	
	⑱	5	4	3	2	1	

項目(尺度)	答え／質問番号	1・まったくそうでない	2・あまりそうでない	3・どちらともいえない	4・かなりそうである	5・そのとおりである	合計
6.集中度	⑤	5	4	3	2	1	(　)点
	⑦	5	4	3	2	1	
	⑯	5	4	3	2	1	
7.自信	⑧	1	2	3	4	5	(　)点
	⑲	1	2	3	4	5	
8.作戦思考度	⑨	1	2	3	4	5	(　)点
	⑳	1	2	3	4	5	
9.協調度	⑩	1	2	3	4	5	(　)点
	㉑	1	2	3	4	5	
10.嘘尺度	⑪	5	4	3	2	1	(　)点
	㉒	5	4	3	2	1	
総合得点 項目1から9までの合計。 項目10は加算しない							

4 プロフィール

図5のプロフィールの中に各項目の合計点が該当する箇所を赤色で○印をつけてください。次に、すべての○印を赤線で結び、円グラフをつくります。図6はその記入例です。

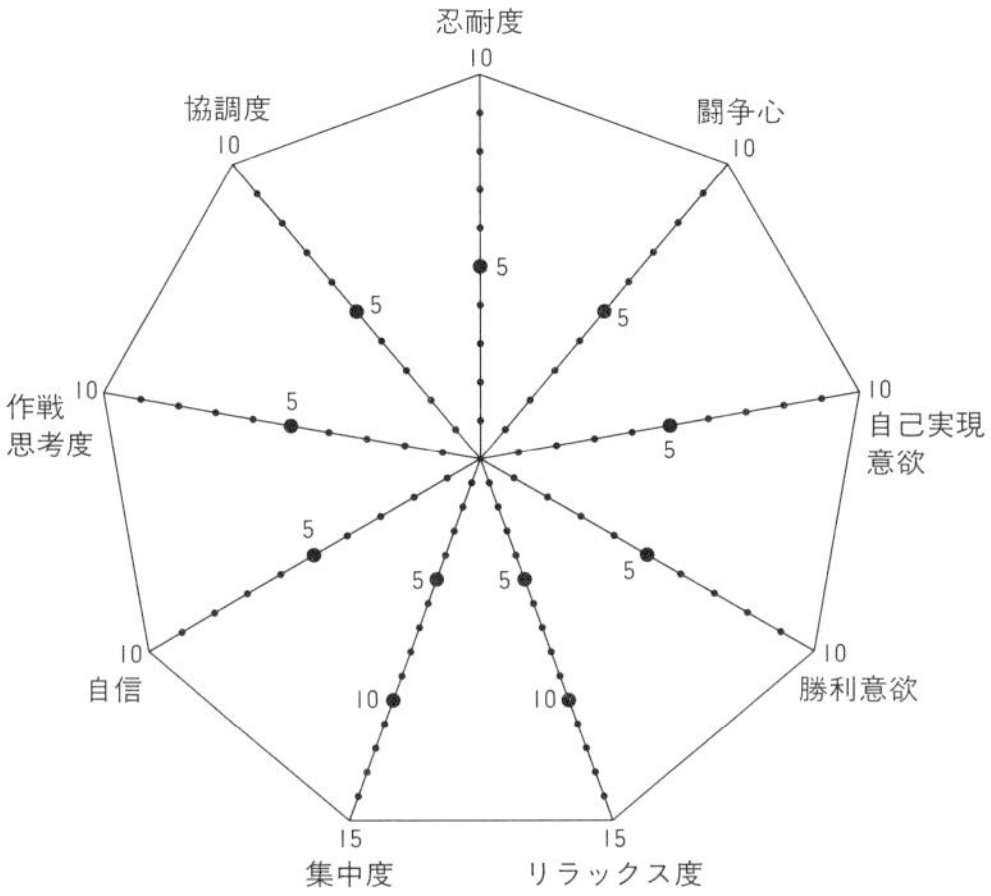

★各項目は、高得点ほど下記の状態が強くなる。

1．忍耐度…苦しい練習に耐えている。結果を出すためにがまんしている。

2．闘争心…精神的に燃えている。ファイトは十分にある。

3．自己実現意欲…可能性に挑戦する気持ちがある。自分のために頑張ろうとしている。

4．勝利意欲…勝ちたい気持ちがある。

5．リラックス度…不安はない。気持ちが落ち着いている。勝敗は気にならない。

6．集中度…練習に集中している。規則正しい生活をしている。体調は良い。

7．自　信…実力発揮や目標達成への自信がある。

8．作戦思考度…試合の情報を集めている。作戦を立てイメージなどで確認している。

9．協調度…仲間と協力して練習している。チームワークを大切にしている。

10．嘘尺度…検査結果の信頼性

図5　試合前の心理状態のプロフィール

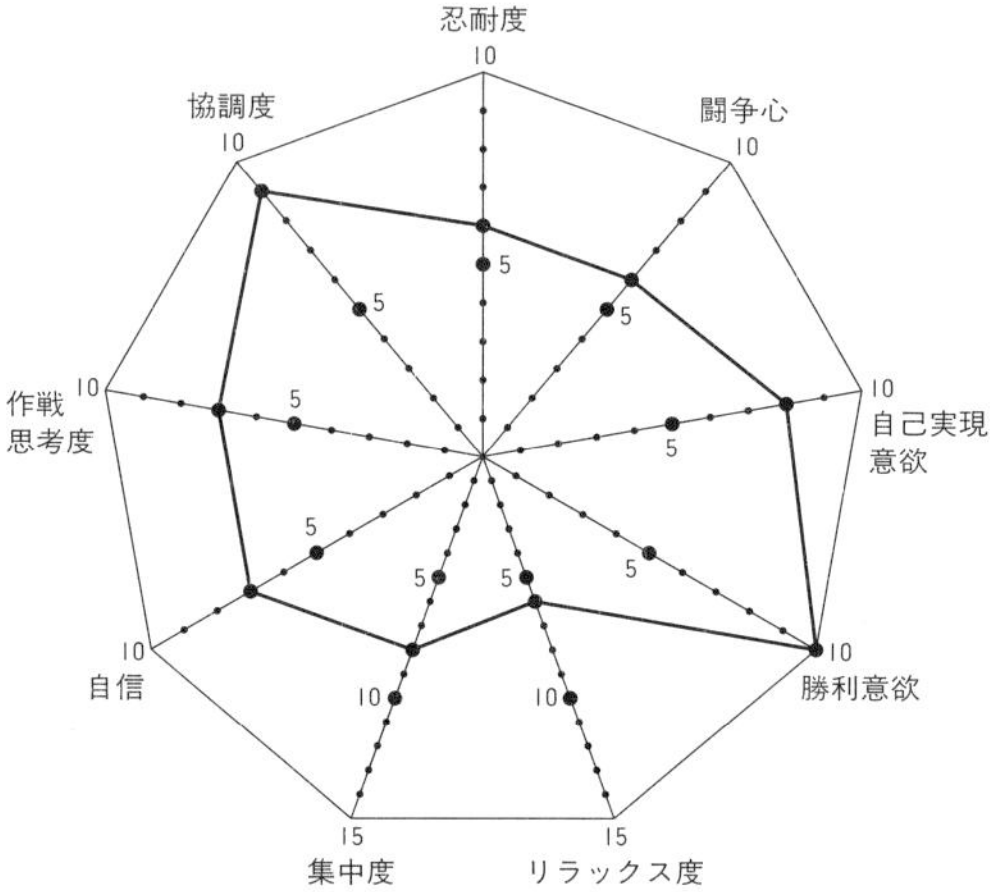

図6　試合前の心理状態のプロフィールの記入例

5 調査結果の診断法

(1) 項目別

試合前の心理状態として必要なことは、忍耐度、闘争心、自己実現意欲、勝利意欲、リラックス度、集中度、自信、作戦思考度、協調度の9項目になりました。図6はその結果を円グラフでみたものです。線が外側に広がり、高得点になるほど望ましいといえます。また、線のデコボコ（凸凹）が少ないほどバランスがとれています。すなわち、円が外側に大きく、デコボコが少ないほど望ましい心理状態といえます。線がへこんでいる内容を修正する必要があります。

各項目の内容は、図5の下に説明してあります。高得点になるほど書いてある状態が高くなります。

(2) 総合得点

項目1から9までの得点を合計し、総合得点とします。総合得点の判定表は検査時期によって「試合の2〜3日前」「試合の1〜2週間前」「試合の1か月前」に分けて表4の判定表をつくりました。あなたの総合得点を判定してみてください。試合日に合わせて徐々に点数が高くなるのが望ましいことになります。

例で示した図6の人は、総合得点が67点ですから「やや悪い」ということになります。

なお、嘘尺度は検査の信頼性をみる項目です。得点は10点満点なので、あまり低すぎると検査の信頼性に乏しいことになります。

以上で、あなたの試合前の心理状態を診断したことになります。よく試合前のメンタルコンディショニングが大切といわれますが、その内容はこのような内容のことです。時々試合前にチェックして、試合日に合わせて自分の気持ちを高めていくことができるようになってください。

図6の人の総合的コメントは、次のとおりです。

あなたの試合前の心理状態は67点で、やや低いと判定されました。試合前の心理的コンディショニングがうまく行われていないようです。試合中の気持ちづくりがうまくできるようになるためには、試合前の心の準備が大切です。とくに低い得点内容を改善しましょう。

表4　試合前の心理状態総合得点の判定表

判定 検査時期	1 （かなり悪い）	2 （やや悪い）	3 （もう少し）	4 （優れている）	5 （非常に優れている）
試合の2〜3日前	〜70	71〜77	78〜85	86〜92	93〜
試合の1〜2週間前	〜68	69〜75	76〜83	84〜90	91〜
試合の1か月前	〜65	66〜72	73〜80	81〜87	88〜

3　試合中の心理状態の診断

3番目の質問紙は、試合中の心理状態（気持ち）からあなたの競技中の心理的競技能力がどの程度であったかを調べるためのものです。そのため、この調査は試合の直後に行うものです。ベストプレイを発揮するために最も重要なことは、その競技にとって望ましい心理「状態」でプレイできたかどうかということです。それを簡単な質問紙でチェックしておくために作られたものです。試合中の心理状態を診断する質問ですので、ごく最近の試合のことを思い出して書いてみてください。

1　注意事項

(1) 質問項目には、試合中の心理状態について10個の質問があります。試合の後で、試合のことを思い出して書いてください。1日に何試合もある時は、そのたびに書くのが望ましいのですが、最後の試合だけでも構いません。

(2) 質問に対する答えは、次の5段階に統一されています。この中から、あなたの心理状態に合うものを1つ選んでください。

1　まったくそうでなかった　　3　どちらとも言えない　　5　そのとおりであった
2　あまりそうではなかった　　4　かなりそうであった

2 記入法と回答の記入

答えは、あなたの気持ちに最も近い番号を例にならって、○印で囲んでください。

それでは、本番です。ここでは、試合直後のことは書けませんので、最近の試合のことを思い出して書いてみてください。

答え	←まったくそうではなかった	←あまりそうではなかった	←どちらとも言えない	←かなりそうであった	←そのとおりであった
（例）試合では緊張して手足がふるえた	①	2	3	4	5
①最後まであきらめずに頑張ることができた	1	2	3	4	5
②闘争心（闘志）があった	1	2	3	4	5
③自分の目標を達成する気持ちで試合をした	1	2	3	4	5
④「勝つ」という意欲が強かった	1	2	3	4	5
⑤自分を見失うことなく、いつもの気持ちでプレイできた	1	2	3	4	5
⑥勝敗を意識して緊張しすぎることなく試合ができた	1	2	3	4	5
⑦集中して試合ができた	1	2	3	4	5
⑧自信があった	1	2	3	4	5
⑨試合での作戦や状況判断がうまくいった	1	2	3	4	5
⑩試合中や試合の合間には、仲間と励ましあったり、協力して試合ができた	1	2	3	4	5

3 得点化

あなたの答えを、表5の試合中の心理状態診断表に転記してください。同じ答えの番号を赤線で○印につけ、10項目の合計得点を出してください。表7（34ページ）は試合中の心理状態の記入例です。

また、多くのスポーツ選手の資料から試合中の心理状態の合計得点を5段階に分類し、判定表をつくると表6のとおりです。

4 調査結果の診断法

表5に転記した○印を上段から順番に線で結び、折れ線グラフを書いてください。得点は「5」に近いほど望ましく、「1」に近いほど望ましくありません。したがって、右寄りのグラフほど望ましいことになります。

また、項目別にみて、どの項目が望ましく、どの項目が悪かったかを認識しておくことが大切になります。10項目の合計得点は50点に近いほど良いことになります。試合中の心理状態が、どの試合でも50点に近くなるように試合をすることが大切になります。あなたの結果を診断してみてください。

表7の人は、協調性はよくて、冷静さや作戦がうまくいかず、自己実現意欲、勝利意欲、集中力、自信に欠け、合計得点は23点で「非常に低い」結果ということができます。

表7の人の総合的コメントは、次のとおりです。

表5 試合中の心理状態診断表（DIPS-D.2）

質問1．試合のことを思いだして、下記の1～10の質問に答えてください。
答えは右欄の中から、1つだけあてはまる番号を、○印でかこんでください。

	1．まったくそうではなかった	2．あまりそうではなかった	3．どちらともいえない	4．かなりそうであった	5．そのとおりであった
例：試合では緊張して手足が震えた ……………………………	①	2	3	4	5
1）試合では忍耐力を発揮できた……………………………	1	2	3	4	5
2）試合では闘争心（闘志、ファイト、積極性）があった ……	1	2	3	4	5
3）自分の目標を達成する気持ちで試合ができた………	1	2	3	4	5
4）「絶対勝つ」という意欲をもって試合ができた ……	1	2	3	4	5
5）自分を見失うことなく、いつものプレイができた ………	1	2	3	4	5
6）緊張しすぎることなく、適度にリラックスして試合ができた …	1	2	3	4	5
7）集中力を発揮できた…………………………………………	1	2	3	4	5
8）自信をもって試合ができた…………………………………	1	2	3	4	5
9）試合での作戦や状況判断はうまくいった……………	1	2	3	4	5
10）試合では仲間と声をかけたり、励ましあったり、協力して試合ができた………………………………………	1	2	3	4	5

〔合計点が50点に近くなることが、実力発揮度を高めることにつながります。〕 合計点 □ ＝□＋□＋□＋□＋□

質問2．あなたは自分の目標を達成できましたか。
　1．結果に対する目標(勝敗)…1）達成できた　2）達成できなかった
　2．プレイに対する目標………1）十分に達成できた　2）まあまあ達成できた　3）達成できなかった

質問3．あなたは自分の実力をどのくらい発揮できたと思いますか→(　　)％

0％　25％　50％　75％　100％

まったく発揮できなかった　あまり発揮できなかった　どちらともいえない　まあまあ発揮できた　十分発揮できた

試合で感じたことを書いてください。

表6 試合中の心理状態得点の判定表

判　定	1（非常に低い）	2（やや低い）	3（平均）	4（やや優れている）	5（非常に優れている）
得　点	32点以下	33～36	37～42	43～46	47点以上

あなたの試合中の心理状態は23点で、非常に低いと判定されました。試合中の気持ちづくりがうまくできないと、実力が発揮できなかったり、目標を達成できなかったりします。どこに問題があったか考え、次回までにそれをトレーニングして試合に備えてください。的確な反省と練習が次の進歩につながります。

以上で、あなたの心理的能力を3つに分け、一般的な特性（傾向）としての能力と実際の試合前や試合中の心理状態を診断したことになります。

これらの調査で高得点が得られることは、「精神的に強い」とか「精神力に優れている」ということになります。そして、ベストプレイを発揮することと関係します。そのことについて、次章から詳しく紹介してみたいと思います。

表7　試合中の心理状態の記入例

1）最後まであきらめずに頑張ることができた …	1	2	③	4	5
2）闘争心（闘志）があった ……………………	1	2	③	4	5
3）自分の目標を達成する気持ちで試合をした …	1	②	3	4	5
4）「勝つ」という意欲が強かった…………………	1	②	3	4	5
5）自分を見失うことなく、いつもの気持ちでできた ……	①	2	3	4	5
6）勝敗を意識して緊張しすぎることなく試合ができた……	1	2	③	4	5
7）集中して試合ができた ………………………	1	②	3	4	5
8）自信があった …………………………………	1	②	3	4	5
9）試合での作戦や状況判断がうまくいった ……	①	2	3	4	5
10）試合中や試合の合間には、仲間と励ましあったり、協力して試合ができた ………………	1	2	3	④	5

合計点　23 ＝ 2 ＋ 8 ＋ 9 ＋ 4 ＋ 0

★この試合で感じたことをくわしく記入してください。

2日間続けての試合は自分では納得のいく試合ではなかった
いつもなら勝てるはずの相手にまで負けてしまいとてもくやしいです。
ほとんどの試合が自分が勝てば勝負が決まるという状態だった
のでとてもプレッシャーを感じていた。大将が4年生なので4年生には
楽に試合を行なってほしかったので気分的に少しきつかった。

第2章

スポーツ選手に必要な「心理的競技能力」とは何か

この章では、これまで「精神力」といわれてきた内容をなぜ「心理的競技能力」と呼ぶのか、その内容はどのような項目で、どのようにして決定されたのか、そして、スポーツ選手の心理的競技能力はどのような特性によって異なるか、について紹介します。

1　「精神力」から「心理的競技能力」へ

スポーツ選手が試合で実力を発揮したり、優勝したりする時、わが国では、「精神力」とか「根性」といった言葉がよく使われてきました。

しかし、その時の「精神力」とか「根性」といった場合の内容は、ある時は集中力を意味したり、またある時は、忍耐力であったり闘争心であったりしたと思います。つまり、「精神力」という言葉は抽象的で、試合における心理的内容をすべて含んだ意味に使われ、指導者にとっては都合のよい言葉であっても、選手にとっては理解しにくい言葉でした。すなわち、試合で勝ったり負けたりした時、「精神力」の差とか、「精神力が足りない」という言葉で片付けられてきたということです。

このような理由で、「精神力」を鍛えるといった場合、「精神力」の何を鍛えればよいかが分からず、ただ、猛練習をするのみでした。

しかし、近年、欧米でのスポーツ心理学の発展に伴い、メンタルトレーニングが普及したこともあり、わが国でも、この分野への関心が急速に高まりました。しかし、わが国には「精神力」という言葉があるので、この「精神力」とは何かを明らかにしない限り、スポーツ選手の心理的特性の診断もトレーニングも進まないことに気づきました。このことに関心をもち、調査を始めたのがちょうど16年ほど前のことです。

少し角度をかえて考えてみましょう。スポーツ選手に必要な能力について、わが国では「心・技・体」といわれるように、心理面と同様に技術や体力が必要なことは昔から言われてきました。その内容は図7のようになります。

技術については、例えばテニスであれば、グラウンド・ストローク、ボレー、サービス、スマッシュの基礎技術と応用的技術に分けられます。体力についても、筋力、持久力、柔軟性、瞬発力、敏しょう性、バランスなどの体力の内容を要素別に分類することができます。

ところが心理面では、精神力、根性、気合いなどの抽象的言葉や、集中力とか忍耐力とかが経験的に浮かんでくるものの、はっきりした内容が明らかにされていません。

この心理面の内容がはっきりしていないこと、言葉をかえれば、明確にできないことが、心理面の診断やトレーニング法の開発を妨げることになってきたのだと思います。

そこで、スポーツ選手が試合場面で共通して必要とする能力、さらには、各々の

スポーツ選手に必要な能力
- 心理……精神力，根性，気合い，集中力，忍耐力など
- 技術……(例テニス) グラウンドストローク，ボレー，サービス，スマッシュ，などの基礎技術と応用技術
- 体力……筋力，持久力，柔軟性，瞬発力，敏しょう性，バランス，など

図7　スポーツ選手に必要な能力

スポーツ種目に必要な能力を明確にすることが、まず、第1段階であると思われます。すなわち、「精神力」といわれた時代から「心理的競技能力」という考え方に変えようということです。

2 心理的競技能力とは

1 スポーツと性格

スポーツ選手に必要な心理的特性は何か、を明らかにすることは難しい問題です。その手始めとして選手のもっている性格を調べる研究は、わが国では昭和30年ごろから活発に行われてきました。この研究では、心理学の専門分野で開発された心理テストである矢田部・ギルフォード性格検査や内田・クレペリン精神作業検査、ＭＭＰＩ（ミネソタ多面人格目録）などが用いられました。その結果、『スポーツマン的性格』という本に代表されるように、スポーツとパーソナリティに関する研究が流行しました。これらの研究から明らかになったことは、例えば、矢田部・ギルフォード性格検査からは、次のようなことが言えます。

(1) スポーツの好きな人は嫌いな人に比較すると、性格が情緒安定、社会的適応、外向傾向がある。
(2) スポーツ種目の好みは性格によって異なる。野球やバスケットボールなどのチーム・スポーツを好む人は外向傾向が強く、卓球やバドミントンなどの個人スポーツを好む人は内向傾向が強い。

(3) スポーツクラブに所属している人は、所属していない人に比較すると情緒安定、社会的適応、外向傾向にある。この傾向は小学生から大学生のどの年代で比較しても見られる傾向である。
(4) スポーツクラブを長く経験すると、神経質傾向の減少、活動性や思考的外向の増大がみられる。
(5) 一方、トップレベルの選手で競技生活が長い選手には、抑うつ性、神経質の増大、適応性の低下、内向傾向がみられる、という報告もある。

こうしたスポーツと性格に関する研究は、ごく最近まで活発に行われてきました。しかし、競技スポーツには、あまり役立ちませんでした。スポーツ選手がもっている性格を心理学で開発された性格テストで測定することに無理があったのだと思います。心理学ではその人のもっている性格の特徴を一般社会生活に必要な面から明らかにしようとしているからです。すなわち、心理学で開発された心理テストでは、スポーツと性格の関係は明らかにできても、スポーツ選手がベストプレイを発揮したり、競技成績を向上させるのに必要な心理的特性は明らかにできなかったからです。

2 試合で必要な心理的能力

(1) 日本の場合

スポーツ選手が試合でベストプレイを発揮したり、優勝したりする時、必要な心理的能力は何か。このテーマに関しては、多くの選手やコーチ、そして、研究者は語っています。

例えば、アメリカ訪問中に不慮の事故で亡くなられた元日本スポーツ心理学会会長の松田岩男先生は、次のような内容を述べておられます。

◎「松田」のスポーツ適性としての心理的資質

①スポーツに対する強い興味と、興味を伸ばし得る資質。
②目標達成に対して精神を集中し、持続することのできる資質。
③共通の目標の実現のために、役割分担し、責任を果たすことのできる協同性。
④積極的に精神的な緊張を高め、強い闘志をもって競技することのできる資質。
⑤危機的場面や選択場面で、状況を正確に敏速に判断し、すばやく実行することのできる資質。
⑥危機的場面や緊張場面において、感情や情緒をコントロール、精神を安定させることのできる資質。
⑦自主的に行動し、障害や困難に遭遇し、新しい局面に直面した時も、観点をかえたり、創意・工夫したりして適応することのできる資質。

そのほか、日本スポーツ心理学会の理事であった故加賀秀夫先生も次のような内容をあげています。

◎「加賀」の選手がもつべき心理的特性

①忍耐・持久
②敢闘・局面打開

③判断・果断
④沈着・平常心
⑤創意・工夫

「日本体育協会」では、アメリカの競技動機テスト（ＡＭＩ）を日本版に標準化して競技動機テスト（ＴＳＭＩ）をつくっています。その内容は次のとおりです。

①目標への挑戦
②技術向上意欲
③困難の克服
④勝利志向性
⑤失敗不安
⑥緊張性不安
⑦冷静な判断
⑧精神的強靭さ
⑨コーチ受容
⑩コーチへの不適応
⑪闘志
⑫知的興味
⑬生活習慣
⑭練習意欲
⑮競技価値観
⑯計画性
⑰努力への帰属

以上は、スポーツ心理学を専門にされている先生方が試合場面に必要な心理的能力をまとめられたものです。

そのほか、スポーツ選手が実際に答えた調査もあります。同じく日本スポーツ心理学会会員の海野孝氏らは、ロサンゼルス・オリンピックと第９回アジア大会に参加した日本選手４９３名を対象にして、どのような心理的内容をトレーニングしたかについて質問紙法で調査した結果、表8のように集中力、自己コントロール、自信、決断力、忍耐力、リラクセーション、闘志、判断力などの内容がトレーニングされたことを報告しています。

以上のように、わが国におけるいろいろな研究を通してみると、前述したような内容が競技スポーツに必要なスポーツ選手の心理的特性ということができます。したがって、このような内容を調査する心理テストが必要になります。

(2) 外国の場合

外国の研究者は、この点に早く

表8　オリンピックおよびアジア大会参加選手が重視している精神力のトレーニング内容

（　）内は%

トレーニング／順位	体力トレーニングに含めて実施のもの（n＝148）	技術トレーニングに含めて実施のもの（n＝141）	精神力トレーニングを個別に実施のもの（n＝84）
1	忍耐力・ねばり（78）	集中力（78）	集中力（73）
2	集中力（67）	自信（68）	自制心・自己コントロール（57）
3	自信（63）	判断力（59）	自信（55）
4	闘志（56）	自制心・自己コントロール（52）	決断力・勇気（38）
5	根性（53）	決断力・勇気（45）	リラクセーション（37）
6	勝利志向性・執着心（43）	予測（45）	忍耐力・ねばり（35）
7	自制心・自己コントロール（40）	忍耐力・ねばり（36）	あがりの防止（35）
8	決断力・勇気（30）	リラクセーション（31）	判断力（33）
9	判断力（28）	勝利志向性・執着心（28）	闘志（31）
10	リラクセーション（24）	闘志（26）	勝利志向性・執着心（26）
11	予測（17）	協同性・チームワーク（18）	根性（23）
12	協調性・チームワーク（14）	あがりの防止（16）	予測（16）
13	あがりの防止（12）	根性（13）	協同性・チームワーク（16）
14	その他（2）	その他（4）	その他（4）

昭和60年度　日本体育協会スポーツ医・科学研究報告，No. IIIスポーツ選手のメンタルマネージメントに関する研究―第I報―，Vol. 2，p. 99，「わが国一流競技者のメンタルトレーニングの現状に関する研究」（報告者　落合 優，海野 孝）より抜萃

から着目していたようです。特にアメリカではいろいろなテストが開発されています。主なものを紹介しますと、次のようなものがあります。

◎「オジィルビィーとタツコ（Ogilvie B. & Tutko T.A.）」の競技動機テスト（AMI）。

①意欲
②攻撃性
③決意
④自罰傾向
⑤統率・指導性
⑥自　信
⑦情動の制御
⑧精神的強靭さ
⑨コーチ受容能力
⑩誠実性
⑪他への信頼感

◎「タツコとトッシー（Tutko T.A. & Tosi U.A.）」のスポーツ情動反応プロフィール。

①意欲
②確信
③敏感さ
④緊張の制御
⑤信頼
⑥個人的責任
⑦自己錬磨

◎「レーア（Loehr J.）」のメンタル・タフネス診断項目。

①自信
②ネガティブ・エネルギー

▲大観衆の前で実力を発揮できる能力は何だろうか

③ 集中力　⑤ 意欲
④ ビジュアル・コントロール　⑥ ポジティブ・エネルギー　⑦ 思考法

◎「マホーニー（Mahoney, C.A.）」の心理的スキルテスト（ＰＳＩＳ）。

① チームワーク　④ 動機
② 心理的準備　⑤ 集中力
③ 自信　⑥ 不安のコントロール

3 心理的競技能力の因子の抽出

日本や外国の研究者が明らかにしているスポーツ選手に必要な心理的能力について紹介してきました。研究者によって言葉の表現は異なりますが、よく似た内容であることに気がつかれたことでしょう。これらの内容をまとめる必要があります。

さて、最初の問題にもどって、スポーツ選手に必要な「精神力」とは、具体的にどのような内容でしょうか。誰もが用いている「精神力」という抽象的な言葉は、非常に広範な意味に使われています。しかし、その内容を明確にすることは、誰も試みていません。

そこで著者は、前述した日本や外国の研究者が報告している内容から、スポーツ選手の「精神力」を表していると思われる言葉をすべて集めてみました。さらに、大学の一般学生、運動部学生、体育学部の学生に、スポーツ選手に必要な「精神力」という言葉からイメージされる具体的内容について、自由に書いてもらいました。その中から、「精神力」の内容と思われる言葉を拾い集めました。もちろん、著者の考える内容も含めました。

　こうして集まった「精神力」の内容は、おおよそ、忍耐力、集中力、判断力、冷静さ、闘争心、協調性、意欲、挑戦、勝利意欲に大別され、68個の言葉になりました。これらの言葉を客観的な方法でいくつかの内容に分類しなければなりません。

　このようにたくさんの内容をいくつかの因子（項目）に分類する時は、因子分析法という統計的方法があります。詳しい説明は省略しますが、因子分析をするために、表9のような質問紙をつくりました。

「精神力」の内容と思われる68個の質問に対して、スポーツ選手に、自分がその内容をもっているかどうかについて、すべて答えてもら

表9　スポーツ選手の心理的競技能力についての予備調査票

　つぎに，試合場面での心理的競技能力（精神力）を表現する文章が書いてあります。各文章を読んで，あなたが普段自分をどのように感じているかを，右欄の答えの中で，最もあてはまる番号に○印をつけてください。

――質　問―― （1～68のすべてに答えてください）	1. ほとんどそうではない（10％）	2. ときたまそうである（25％）	3. ときどきそうである（50％）	4. しばしばそうである（75％）	5. いつもそうである（90％）
1．どんな試合でも最後まであきらめない ………………	1	2	3	4	5
2．試合に注意を集中できない …………………………	1	2	3	4	5
3．試合の流れをすばやく判断できる ……………………	1	2	3	4	5
4．大試合になればなるほど，闘志がわく ………………	1	2	3	4	5
5．チャレンジ精神が旺盛になる …………………………	1	2	3	4	5
6．失敗を恐れることはない ………………………………	1	2	3	4	5
7．試合前になると不安になる ……………………………	1	2	3	4	5
8．冷静さを失うことがある ………………………………	1	2	3	4	5
9．どんな場合でも，自己のプレイができる自信がある	1	2	3	4	5
10．試合中に失敗するといつまでも気になる ……………	1	2	3	4	5
⋮					

いました。その対象に選ばれたのは、第一次研究（昭和61年度）は国民体育大会に参加した福岡県選手２３６名でした。そして、第二次研究（平成元年度）は大学の学生たち５２６名でした。これらの調査結果を因子分析法というコンピューター計算により、いくつかの因子に分類しました。

その結果、明らかにされたのが、次のような５つの因子と12の項目（尺度）です。

(1) 競技意欲

①忍耐力……がまん強い。ねばり強い。苦痛に耐えることができる。

②闘争心……大試合ほど闘志がわく。闘争心がわく。相手が強いほどファイトが出る。大事な試合ほど頑張る。

③自己実現意欲……可能性への挑戦。自分のために頑張る。自分なりの目標。自分なりのやる気。

④勝利意欲……絶対に負けられない。絶対に勝ちたい。負けるとくやしい。勝つことが第一。

(2) 精神の安定・集中

⑤自己コントロール能力……試合になると自己コントロールできない。緊張していつものプレイができない。気持ちの切り換えがおそくなる。

⑥リラックス能力……勝敗を気にして緊張する。精神的な動揺。試合前の不安。プレッシャーを感じる。

⑦集中力……落ち着いてプレイができなくなる。冷静さがなくなる。注意の集中ができない。勝敗が気になり、集中できない。

(3) 自信

⑧自　信……実力発揮の自信。自分の能力に自信。目標達成の自信。自分のプレイができる自信。
⑨決断力……思い切りのよいプレイ。失敗を恐れず決断。試合での決断力。

(4) 作戦能力

⑩予測力……作戦が的中。作戦の切り換え。予測があたる。勝つための作戦を立てる。
⑪判断力……試合の流れをすばやく判断。大事なところで的確な判断。苦しい場面で冷静な判断。

(5) 協調性

⑫協調性……チームワークを大切にする。励ましあってプレイする。団結心がある。協力してプレイする。

すなわち、「精神力」の内容を大きく分類すると、競技意欲、精神の安定・集中、自信、作戦能力、協調性の5つに分けられました。さらに小さく分類すると、忍耐力、闘争心、自己実現意欲、勝利意欲、自己コントロール能力、リラックス能力、集中力、自信、決断力、予測力、判断力、協調性の12項目になりました。

この内容を従来の「精神力」という抽象的言葉と区別する意味で、「心理的競技能力」という言葉を用いることにしました。つまり、スポーツ選手が試合場面で必要な心理的能力という意味です。

近年、アメリカでは、このような内容を心理的スキル（技術）と呼んでいます。アメリカのJ・マホーニーの心理的スキル診断項目とよく似た考え方です。

こうした心理的競技能力は、一種の心理的スキルと考えるわけです。スキルですから、練習しないと上達しないし、優れたスポーツ選手はこれまでの多くの試合や練習を通して優れた心理的スキルを身につけていると考えるのです。

❹ 心理的競技能力診断検査

「精神力」の内容が明確になりましたので、個々のスポーツ選手の心理的競技能力を診断する方法を考えました。

スポーツ選手が一般的傾向としてもっている心理的特性を調べる必要があります。したがって、質問に対する回答の仕方は、例えば、「試合になると闘争心がわいてくる」という質問に対して、「いつもそうである」というように、その選手が多くの試合の中での体験に基づいて、一般的傾向としてどうなのかを聞いています。そういう意味でこのテストは、スポーツ選手がもっている「特性」としての心理的競技能力を調べるテストということができます。

中学生から成人まで使用でき、その場で容易に診断できる検査用紙として作成しました。

その名前は心理的競技能力診断検査（ＤＩＰＣＡ．中学生〜成人用）です。ＤＩＰＣＡとは、Diagnostic Inventory of Psychological-Competitive Abiliy for Athletesの略です。修正を重ねて、現在のものはＤＩＰＣＡ．3です。

実は、この本の最初に皆さんにやって頂いたテストがこの検査です。

スポーツ選手が心理面で強くなるためには、まず自分を知ることが第1段階と思います。試合場面で必要な自分の心理的能力がどうなのかをよく理解して、良いところは伸ばし、悪いところはトレーニングする必要があります。

そういう意味で、心理的競技能力診断検査は、ベストプレイを発揮するために行われるメンタルトレーニングのスタートになります。

5 試合前の心理状態診断検査

スポーツ選手は、次の試合に向けて心理的にも準備しておく必要があります。そのため、試合前の心理状態をチェックする方法として、試合前1か月から1日前くらいの期間に実施できるものを作成しました。質問項目は、心理的競技能力診断検査の12項目に関連する20問でした。統計的分析の結果から、忍耐度、闘争心、自己実現意欲、勝利意欲、リラックス度、集中度、自信、作戦思考度、協調度の9項目が得られました。

この検査も中学生から成人までが使用できるように作成し、試合前の心理状態診断検査（Diagnostic Inventory of Psychological State Before Competition：DIPS-B.1）としました。つまり試合前の心理的準備としては、前述の9項目のような内容を高めることが必要ということです。ただ、検査が試合日のどのくらい前かによって得点も異なります。2番目にして頂いたテストがこの検査です。

6 試合中の心理状態診断検査

最後に、もう一つ大事なことは、実際の試合場面で心理的競技能力はどうだったかを調べる必要があります。「ベストプレイが発揮できたか」とか「競技成績」や「勝敗」には、試合中の心理状態（気持ち）がすごく影響するからです。その競技をするのにふさわしい心理状態がつくれたかどうかが重要であり、そのことをチェックしておく必要があるからです。

この検査は試合直後に実施する必要がありますので、簡単なものでなければなりません。

そこで、「特性」として調べた12項目の内容を10項目の簡単なものにしたのが、この検査です。この検査は試合中の心理状態を診断する検査ですので、「特性」検査に対して「状態」検査ということができます。

その名前は、試合中の心理状態診断検査（ＤＩＰＳ）です。ＤＩＰＳは、Diagnostic Inventory of Psychological State During Competitionの略です。現在のものはＤＩＰＳ-Ｄ．2です。

この検査が3番目に紹介したテストです。

スポーツ選手に最終的に必要なことは、その試合で、最も望ましい心理状態がつくれたかどうかです。したがって、毎試合、試合中の心理状態をチェックして、どのような試合でも望ましい心理状態がつくれるように、その確率を高める必要があります。しかも、その確率が安定することが、心理的に強くなることを意味します。

以上のようにして、心理的競技能力を診断する３つの検査用紙が作成されました。この３つの検査を有効に活用してもらうと、メンタル面の強化につながります。

3　心理的競技能力には個人差がある

前節で診断検査ができるまでのことを長々と紹介しました。ここでは、その診断検査を用いて調査した結果について紹介してみたいと思います。

1　経験年数による違い

最初に、心理的競技能力は、スポーツの経験によってどのように異なるかについてみてみます。国民体育大会に参加した選手について、経験年数の違いをみると、図8（52ページ）のとおりです。同じスポーツ選手でも経験年数によって違うことがよくわかります。

▲水泳選手の試合中の心理状態をレース直後に調査

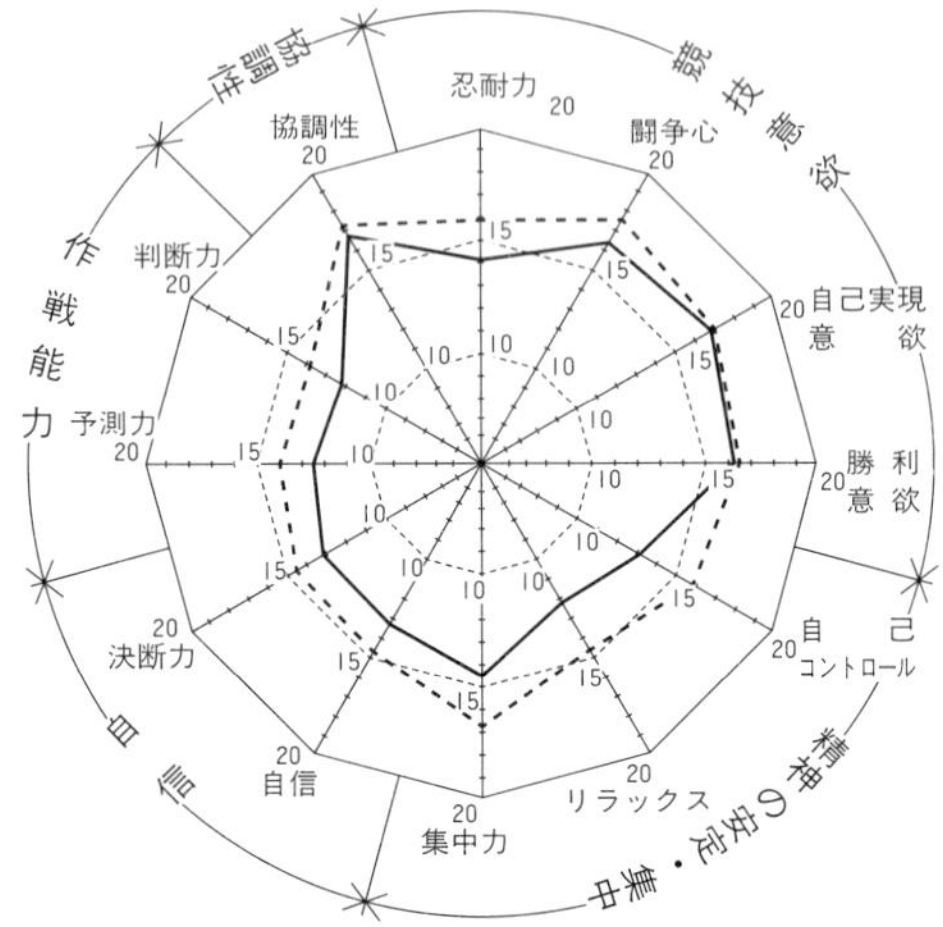

図8　経験年数による心理的競技能力の違い
(国体出場男子選手)
(── 1～4年経験;‑‑‑　10年以上)

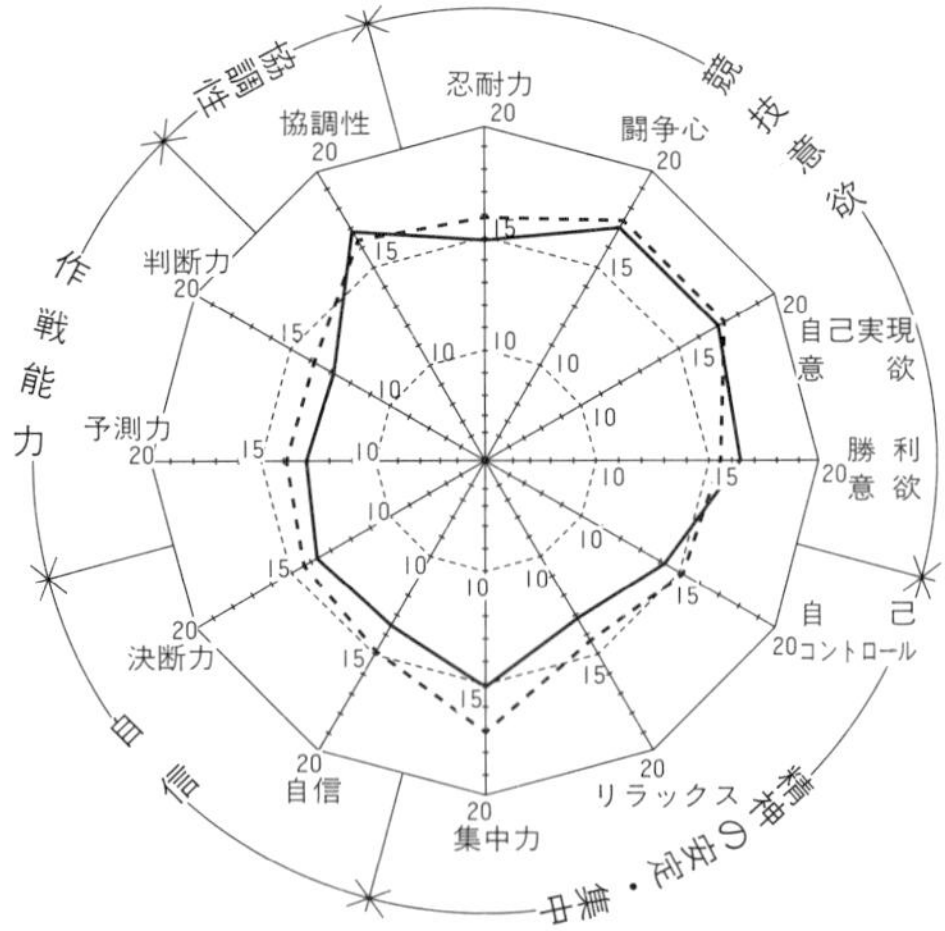

図9　国体参加回数による心理的競技能力の違い
(男子) (── 初めて;‑‑‑　4回以上)

特に10年以上の経験者は、精神の安定・集中、自信、作戦能力の因子や忍耐力、闘争心で優れていることがわかります。

経験年数が10年以上にもなると、多くの試合に参加し、その体験から、試合場面で必要な心理的能力を身につけていることが推測されます。このことがキャリア（経験）の差ということでしょう。例えば、ここは「耐えなければならない」という時に忍耐力を発揮できるということです。試合の場で生じるいろいろな場面で、それが必要とされる時に、必要な能力を発揮できるということです。

2 国体参加回数による違い

同じスポーツ選手でも、大会の参加回数によって心理的競技能力が異なります。

国体参加回数が初めての群と4回以上の群に分けて、心理的競技能力を比較してみました。結果は、図9のとおりです。

参加回数が多い選手ほど、心理的競技能力が高いことが明らかです。特に、初めての人は勝利意欲と協調性だけは強いようですが、精神の安定・集中、自信、作戦能力の各因子と忍耐力、闘争心では、参加回数の多い人ほど優れ、その差が著しいことがわかります。

ここまでの結果から、同じスポーツ選手でも経験年数が長く、大会参加回数の多い選手ほど心理的競技能力が優れているということができます。

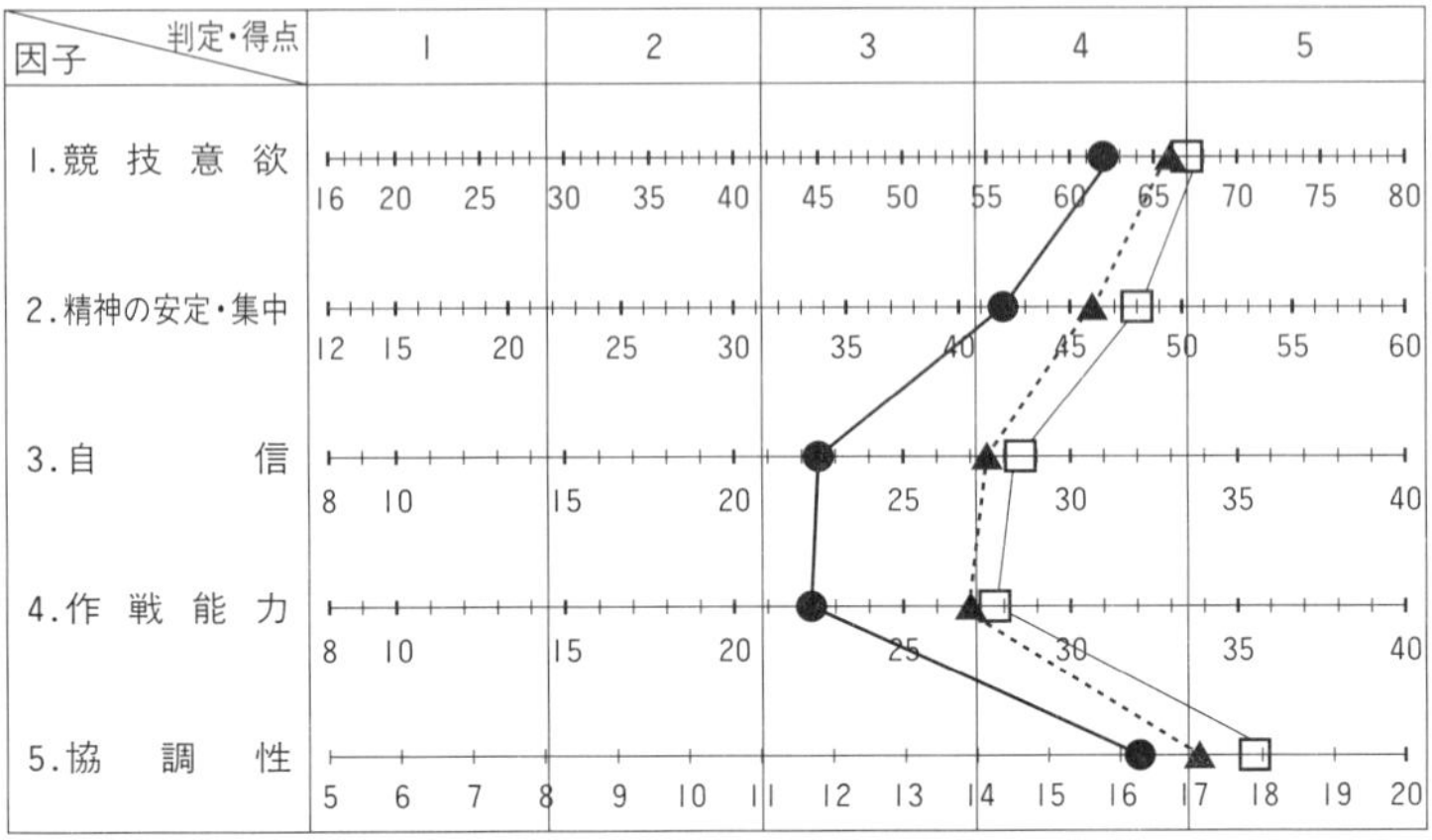

図10　全国高校野球選手権地方大会の優勝校（□印）と準優勝校（▲印）および一般レベル校（●印）の心理的競技能力

3 優勝したチームや選手は優れている

全国高校野球大会に参加した選手の資料があります。地方大会（県大会）の決勝戦に出場して優勝したチームと準優勝チーム、それに一般レベル校の選手を比較する

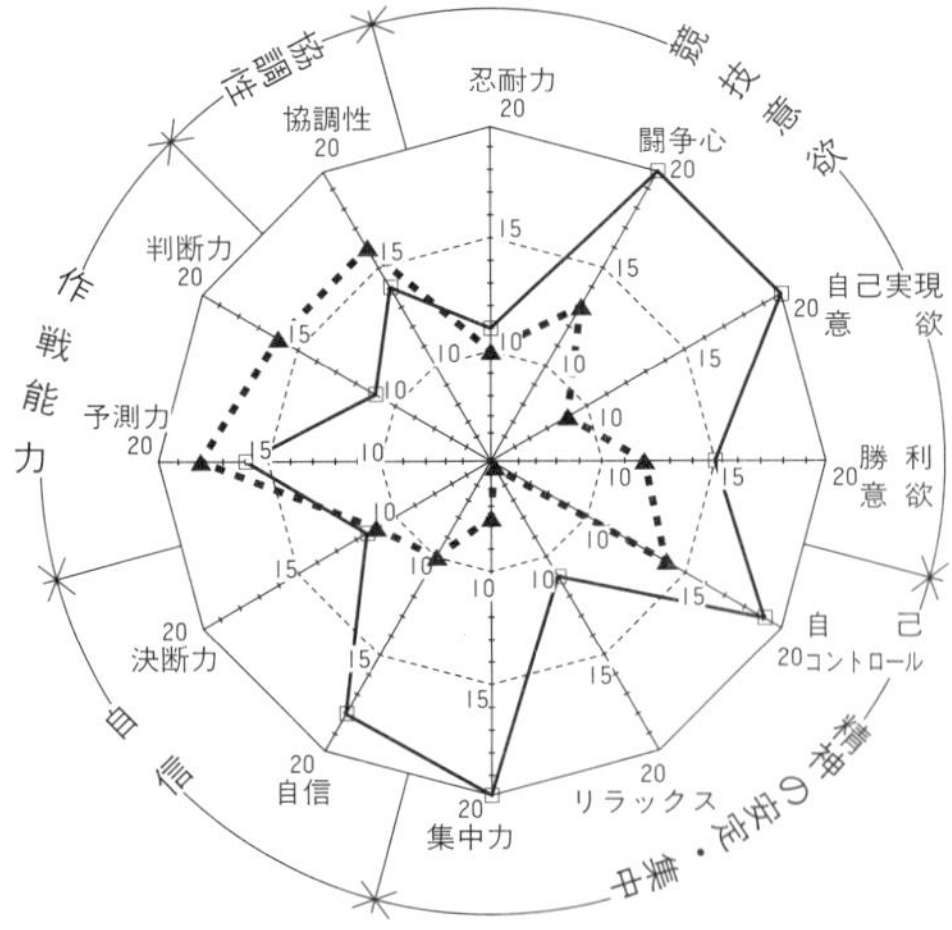

図11　ジュニアカップテニス全国大会で優勝したA君（□印）と準優勝したB君（▲印）の心理的競技能力（7－5，7－6）

と、図10のとおりです。これはチームの平均値です。優勝校はやはり最も優れており、準優勝校もわずかな差はあるものの優れていました。しかも、一般レベル校と比較すると、両チームとも著しい差を示すことが明らかになりました。

また、図11はジュニアのテニス大会で優勝したA君と準優勝したB君の結果です。試合は7―5、7―6の大接戦でしたが、A君の競技意欲、精神の安定・集中、自信は、B君より優れていることが勝因になったのではないかと推測できます。

4 優秀選手でも違いがある

経験年数が長く、参加回数が多い優秀な選手の中でも個人差があります。それは競技成績が「技術×体力×心理的競技能力（精神力）」という「心・技・体」から決定されるからです。同じ優秀選手でも違いがあることを示してみましょう。

図12（56ページ）は、ある競技種目で、日本を代表するナショナル・チームの個人の心理的競技能力を比較したものです。それぞれを比較すると、明らかにその違いをみることができます。同じナショナル・チームでも、これだけ違いがあることに驚きます。こうした心理的競技能力の低い選手は、実際の試合で心理的な弱さが出てくることが推測されます。こうした選手はメンタルトレーニングをすることによって、もっと競技成績を向上させる可能性があると思います。これについては、後で詳しく述べたいと思います。

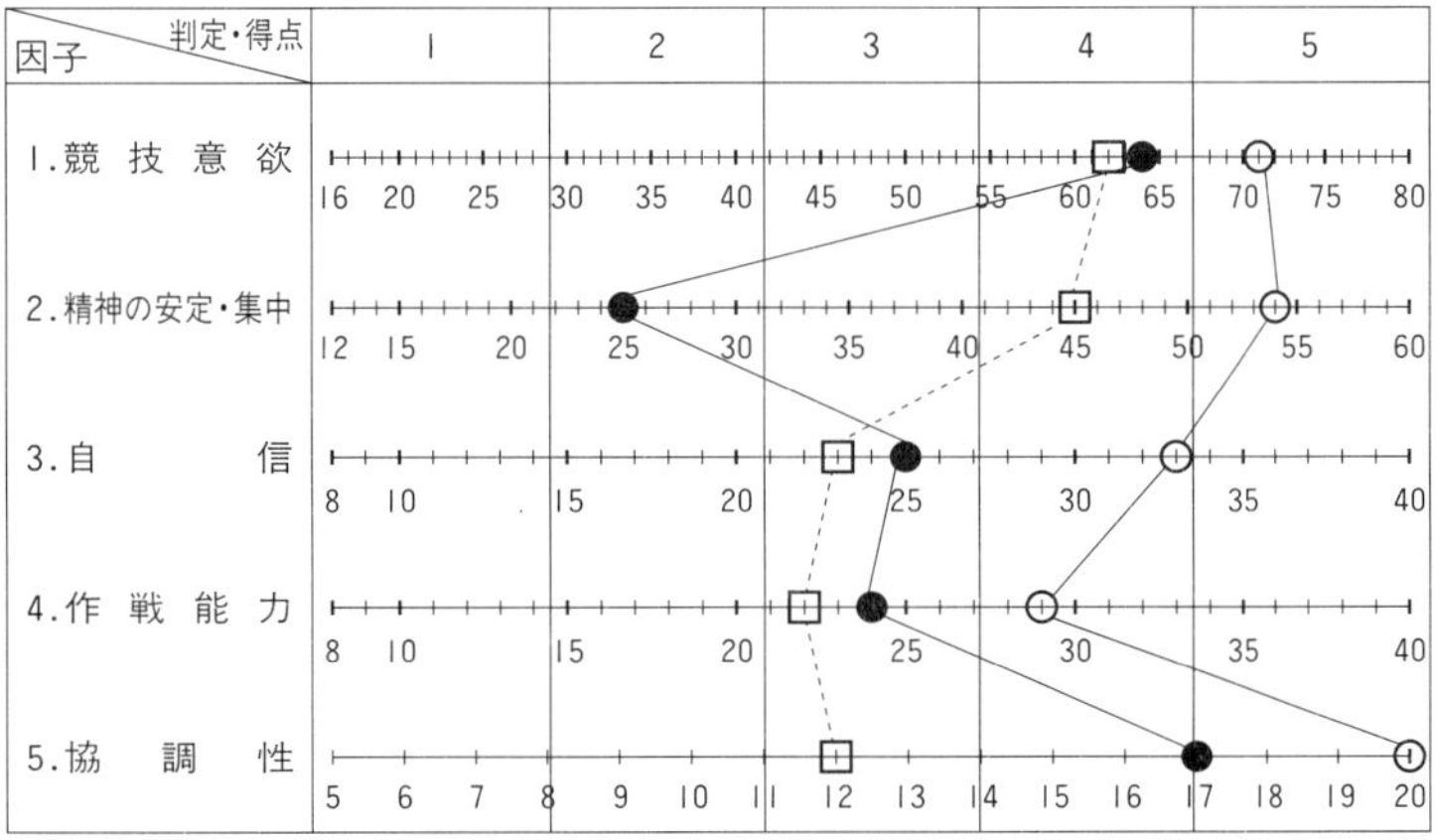

図12　ナショナル・チーム選手の個人差（男子、○はA選手、●はB選手、□はC選手）

5 心理的競技能力は変化する

今度は、個人の心理的競技能力が変化することを紹介します。図13はジュニア・テニス選手の1年間の変化を示したものです。この選手は技術的には優れていましたが、

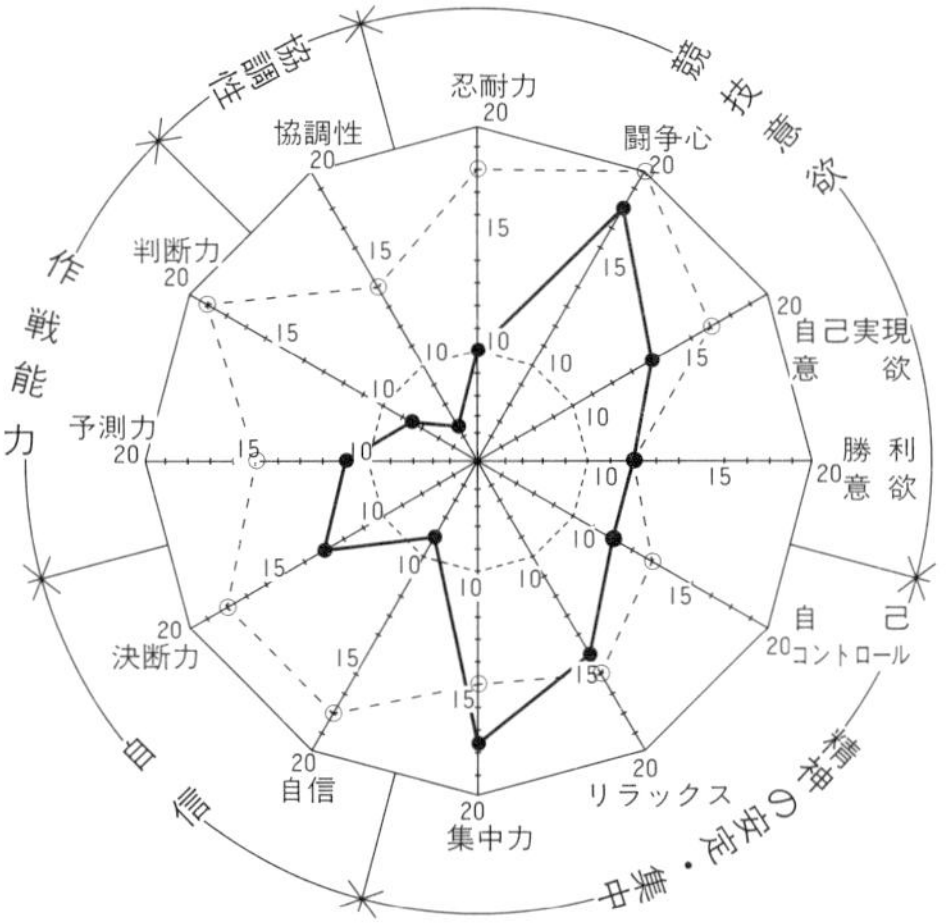

図13　心理的競技能力の1年間の変化
（ジュニアテニス選手，—— 13才時，--- 14才時）

忍耐力、自信、作戦能力、協調性が非常に低く、よく負けていました。その後、1年間に何回も優勝したり、大きな大会に出場するようになって、1年後には優れた能力に変化していることを示しています。このように1年間に1~2回このテストを実施し、その変化を見ていくことも大切なことです。

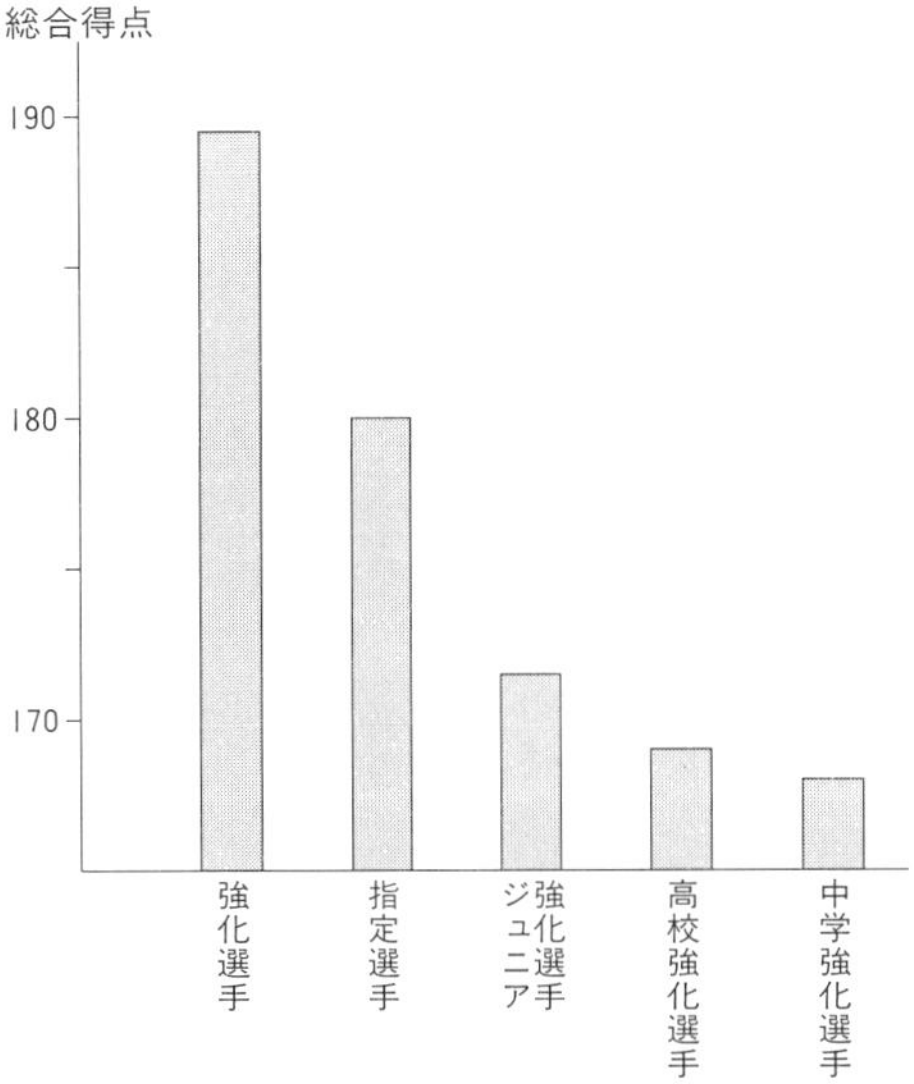

図14　全日本柔道連盟強化選手の心理的競技能力総合得点(平均差)

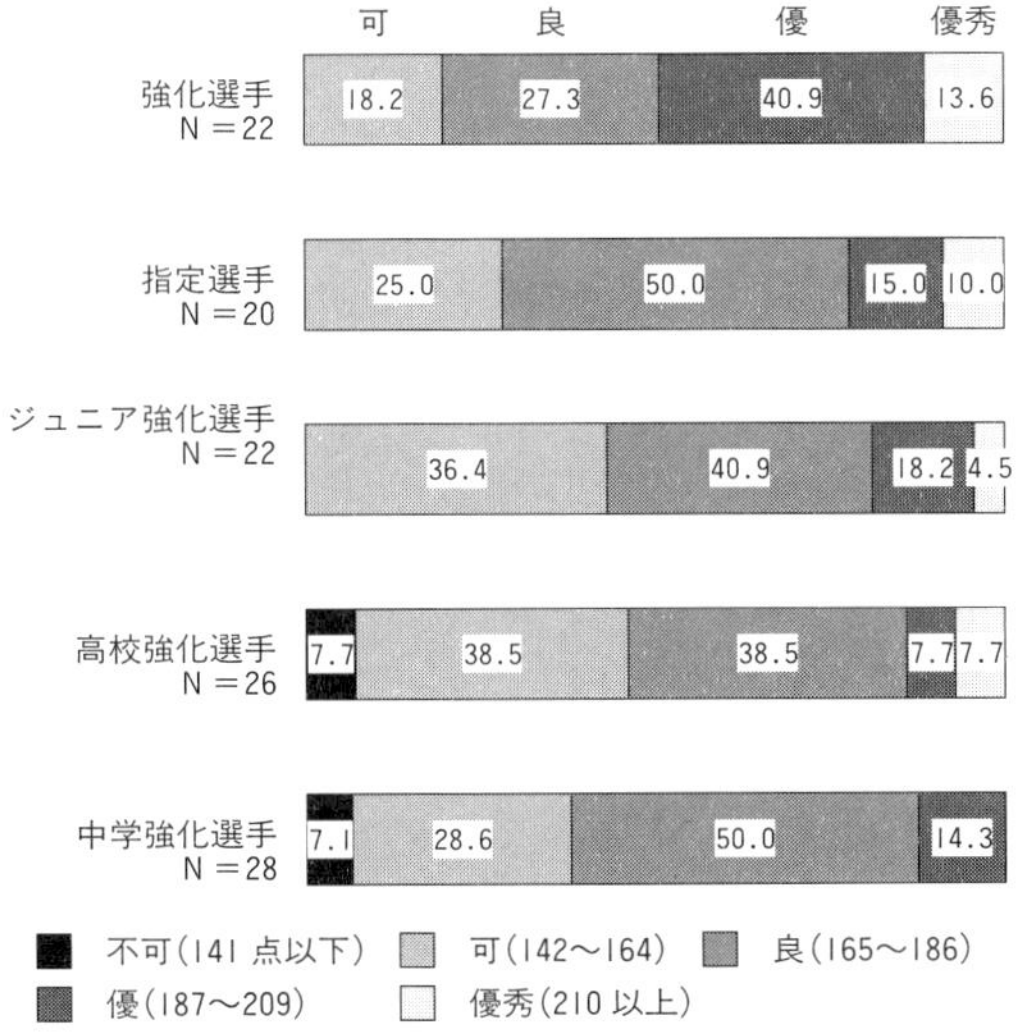

図15　全日本柔道連盟強化選手の総合得点の判定結果(個人差)

6 総合得点による違い

全日本柔道連盟強化選手の総合得点を図14に示しました。中学生から世界選手権などの強化選手まで、5つのグループに分けて総合得点を比較しました。ご覧のように強化選手が最も優れ、中学生になるに従って徐々に低くなるという興味ある結果になりました。優秀な選手は総合得点で優れていることをはっきりと知ることができます。

しかし、同じ強化選手や指定選手でも、図15のように「優秀」や「優」と判定される選手もいるし、「可」や「不可」と判定される選手もおり、個人差が見られます。当然のことながら、判定結果の悪い選手は、特にメンタルトレーニングが必要となります。

7 試合前の心理状態の違い

大学サッカー部の選手の試合の1か月前、1週間前、1日前の調査結果を図16に示しました。

試合日が近づくにしたがって、円グラフが大きくなっていることがわかります。この選手は作戦思考

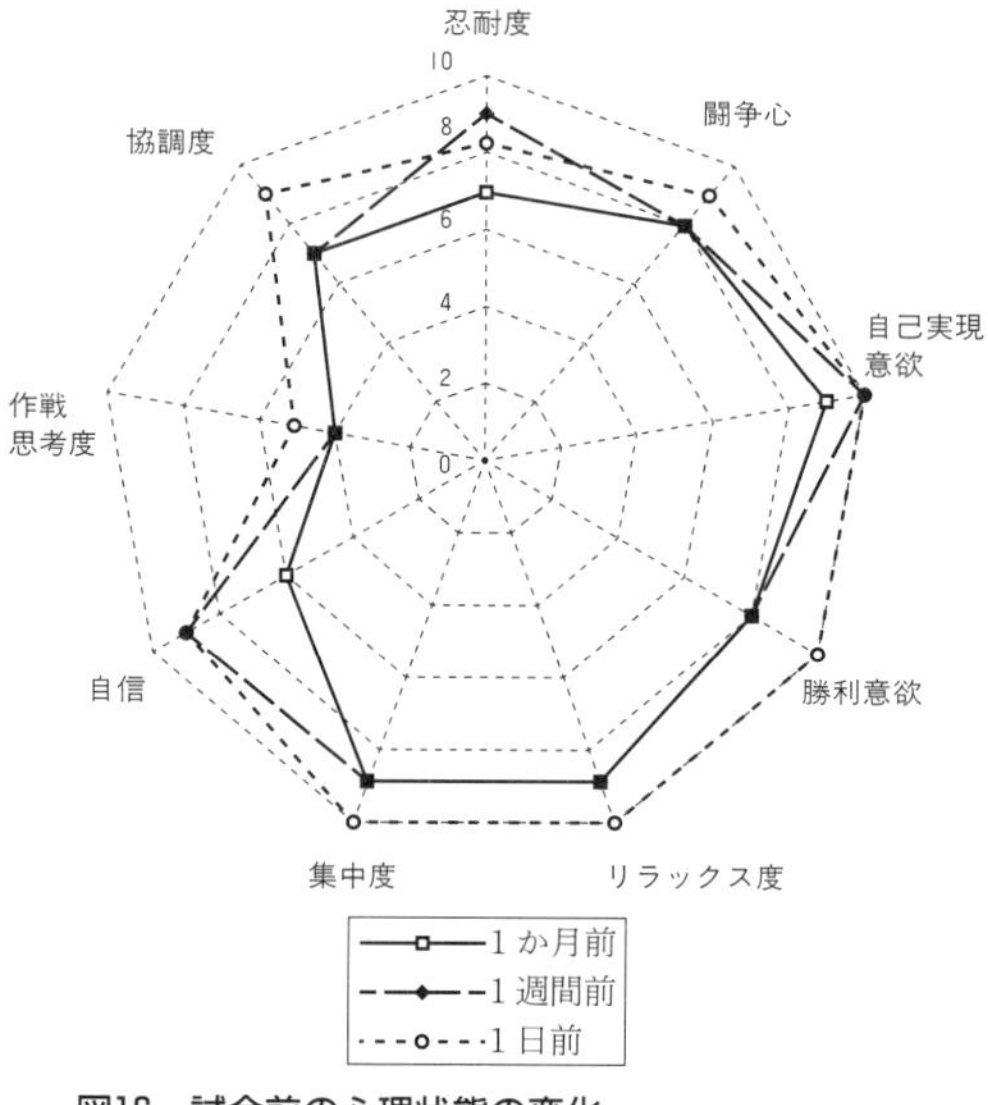

図16　試合前の心理状態の変化

度が低いようです。いろいろなチームを対象に、あるいは継続的に調査を実施すると、国体などの明確な目標をもっている集団、優秀な競技成績をもっているチーム、レギュラー選手は得点が高く、試合日が近づくにつれて高得点になることが明らかになりました。個人差もあるので、試合前に実施して、心理的コンディショニングの指導に役立てることができます。

8 試合中の心理状態の違い

図17は、大学生の準硬式野球大会の1回戦から決勝戦までの心理状態のチームの平均得点を図にしたものです。1回戦で負けたチームの得点は概して低く、決勝戦に進むにつれて得点は高くなり、優れた心理状態で試合が行われたことを予測することができます。たとえ試合に負けても、優れた心理状態で試合ができることが大切ですが、負けたチームほど心理状態は悪かったようです。

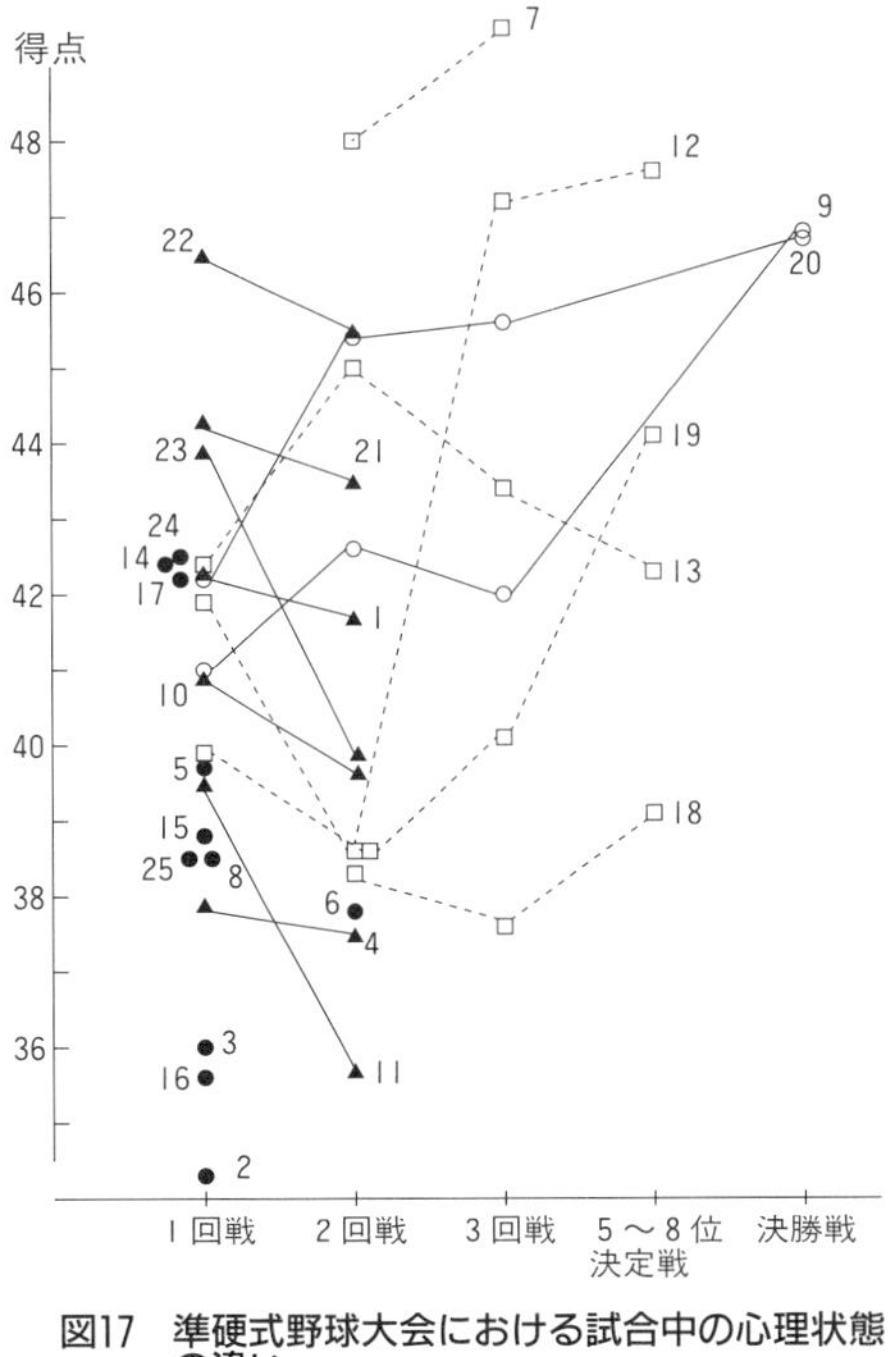

図17　準硬式野球大会における試合中の心理状態の違い

以上のように、スポーツ選手の心理的競技能力の個人差についてみてきました。経験年数、大会参加回数で違いがあり、優秀な選手の中でも個人差があり、さらに個人の心理的競技能力は変化することなどを、明らかにすることができました。

そのほか、男女差、そしてスポーツ種目やポジションなどによっても違いがあります。

この本では、スポーツ選手の一般的傾向としての心理的競技能力を中心にみてきましたが、本当は、各競技種目ごとに必要な心理的競技能力が明らかにされたり、ポジションごとの心理的競技能力が明確にされると、もっと役立つ資料になると思います。

例えば、テニスであれば、12の項目の中で集中力や忍耐力、闘争心、予測力が非常に重要というように、その競技に特別に必要な能力があるはずです。さらに、前衛と後衛、ベースラインプレイヤーとネットプレイヤーの違いなどが明らかにできるはずです。競技種目やポジションごとに必要な心理的競技能力を明らかにすることは、今後の非常に重要な課題といえます。

第3章

「心理的競技能力」は、実力発揮度や競技成績にどう関係するか

この章では、これまで見てきた心理的競技能力の「特性」と「状態」の関係および実際の試合の実力発揮度や競技成績にどのように関係しているかについて述べます。

1 「特性」と「状態」の関係

❶ 特性と試合中の心理状態の関係

心理的競技能力は、あなたが一般的にもっている心理的「特性」と、試合前の心理「状態」や実際の試合中の心理「状態」の3つに分けて測定しました。

最も大切なことは、実際の試合の中で、あなたが行うスポーツ種目に望ましい心理「状態」がつくれるかどうかということです。

そこで、この心理的「状態」と心理的「特性」はどのような関係にあるかを調べてみました。

次のように、練習の時の技術、心理、体力の一般的特性は、試合の時にどのように変化するかということであります。練習の時に発揮している技術Aや体力Bは、試合前に技術A'、体力B'に変化します。そして、それが試合中になると技術A"、体力B"に変化します。それに影響しているのが心理状態です。

(一般的特性)　　(試合前)　　(試合中)

・技術A　→　技術A'　→　技術A"

・心理的「特性」　↓　心理「状態」　↓　心理「'状態」

・体力B　↓　体力B'　↓　体力B''

心理面についても、練習の時の心理的「特性」は、試合前の心理「状態」に変わり、さらに試合の時の心理「'状態」に変化します。その変化の関わりをみようということです。

まず、国民体育大会に参加した選手に心理的競技能力診断検査を実施してもらい、「特性」を調べました。そして、国民体育大会の最後の試合のことを思い出してもらい、試合中の心理状態診断検査を実施してもらいました。

　この3つの検査結果を得点化して、「特性」と「状態」の関係を調べてみました。

　試合中の心理「状態」の得点を3つのグループに分類しました。優れた心理「状態」をつくれた群を高得点群とし、望ましくない心理「状態」の群を低得点群として、その中間を中得点群としました。そして、それぞれのグループごとに、心理的「特性」の因子別得点の平均値を出してみました。結果は図18のとおりです。

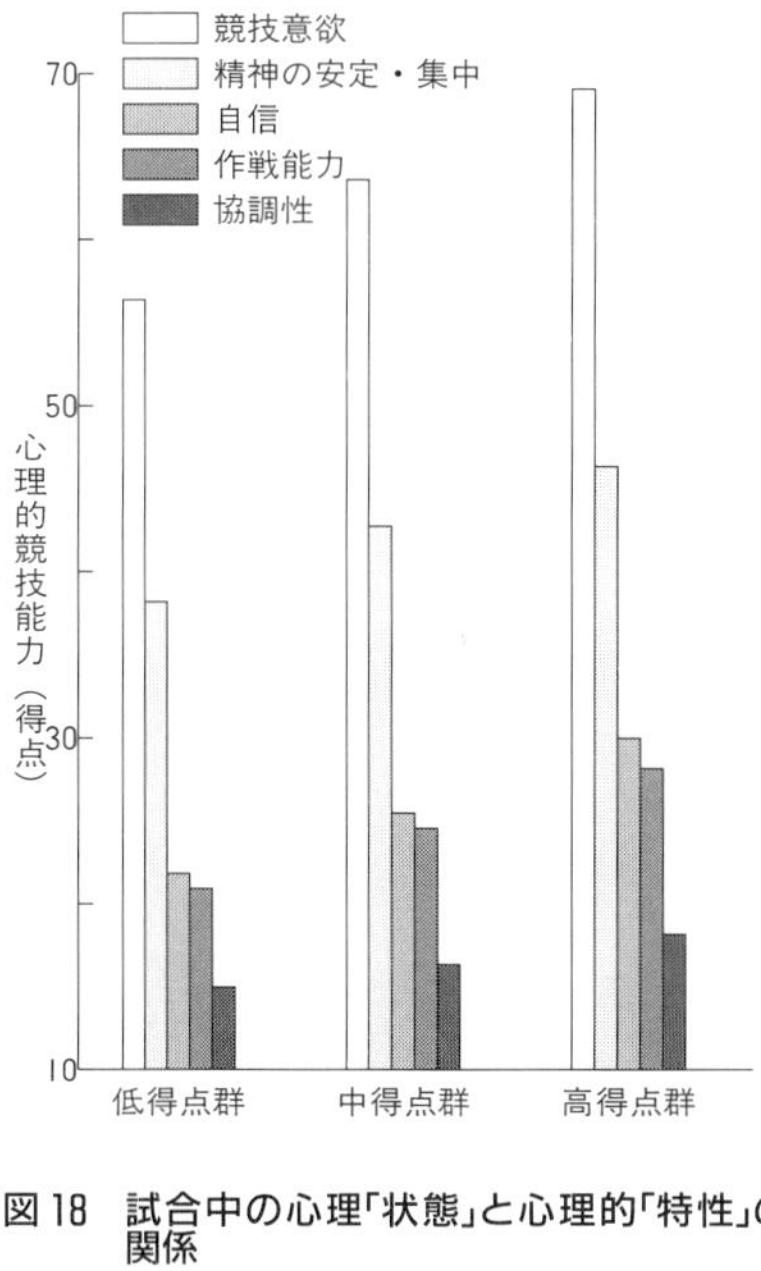

図18　試合中の心理「状態」と心理的「特性」の関係

ご覧のように、試合中に優れた心理「状態」をつくれた高得点群は、心理状態が良くなかった低得点群に比較して、心理的「特性」のどの因子の得点も高いことが明らかです。

すなわち、試合中の心理「状態」が優れている選手ほど、心理的「特性」は優れているということができます。さらに、付け加えるならば、試合中に優れた心理「状態」をつくれるようになるためには、一般的特性としての心理的「特性」を高めることが必要ということになります。つまり、心理的競技能力診断検査によって高い得点を示す選手は、試合中でも望ましい心理状態がつくれることを予測することができることになります。

あなたの得点はいかがでしたでしょうか。

2 特性と試合前の心理状態の関係

大学サッカー部の選手に対するリーグ戦1か月前、1週間前、1日前の、試合前の心理状態診断検査と心理的競技能力の総合得点の相関係数をみてみると、大会日が近づくにしたがって相関係数が顕著に高くなることが明らかにされました。このことは、特性としての心理的競技能力が状態としての試合前の心理状態に著しく影響していることを示しています。

3 試合前の心理状態と試合中の心理状態の関係

同じく大学サッカー部の選手の、試合前の心理状態と試合中の心理状態の関係をみるため、試合ごとに調査した2つの検査の合計得点の相関係数をみてみました。結果は図19のとおりです。2つの検査結果は著しく関係していることを示しています。つまり、試合前の心理状態が優れている人は、試合中の心理状態も優れているということが明らかにされています。

2　心理的競技能力と実力発揮度の関係

スポーツの試合では勝敗は重要です。しかし、自分の実力、つまりベストプレイが発揮できたかということは、勝敗以上に重要なことだと思います。

そこで、実力発揮度を自己評価してもらいました。対象の選手は、前述した国民体育大会に参加した選手たちです。試合後に、「十分実力を発揮できた」から「まったく発揮できなかった」までの5段階で、自分の実力発揮度を自己評価してもらいました。

その結果と心理的競技能力の「特性」や「状態」は、どのように関係しているかについて調べてみました。次のような関係です。

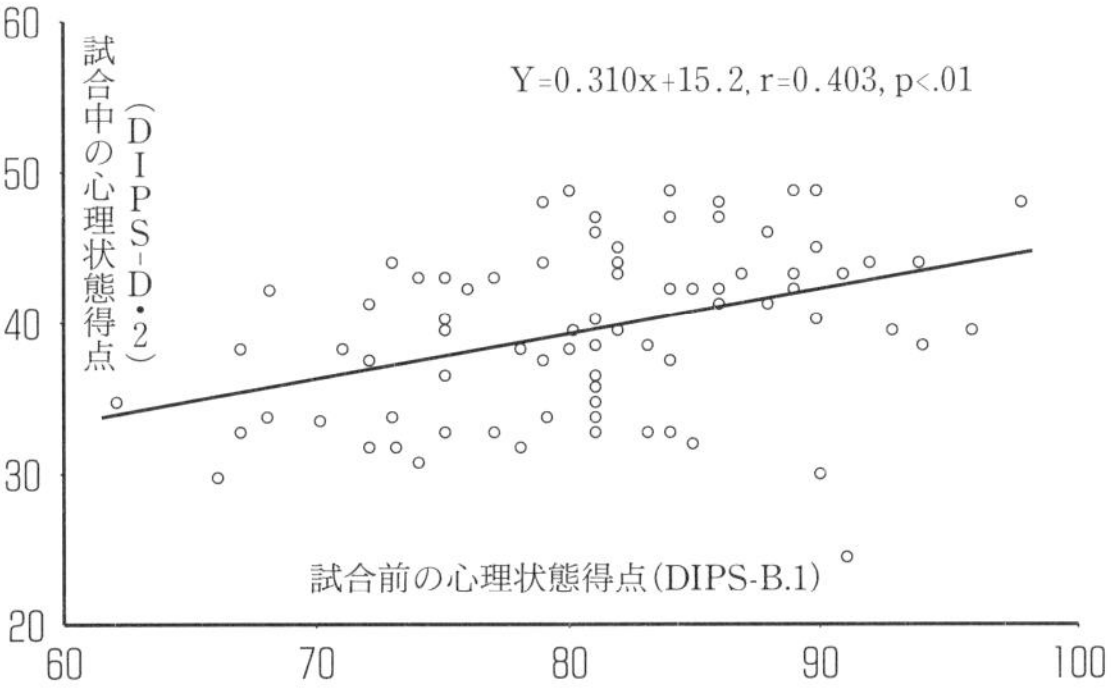

図19　試合前の心理状態（DIPS-B.1）と試合中の心理状態（DIPS-D.2）の関係

（一般的傾向）　（試合中）　（試合結果）

心理状態 ←→ 実力発揮度

・心理的特性 ←→ 実力発揮度

1 実力発揮度と「状態」の関係

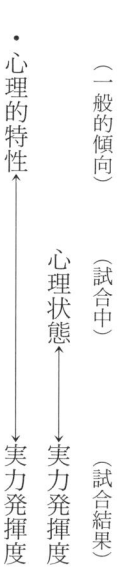

実力発揮度の自己評価と試合中の心理「状態」の関係を男女別にみると、図20のとおりです。

結果は図20に明らかなように、実力発揮度の高い選手は、実力発揮度の低い選手に比較して、試合中の心理「状態」の得点が高いということができます。しかも、実力発揮度の評価が悪くなるに従って、試合中の心理「状態」の得点も徐々に低くなるという興味ある結果になりました。すなわち、実力発揮度が優れている選手は、試合中の心理「状態」が優れているということです。

逆にいうと、試合中に優れた心理「状態」がつくれた選手は、実力発揮度が高かったということです。このことは非常に重要なことです。なぜなら、スポーツの試合で実力を発揮すること、つまりベストプレイを発揮するためには、試合中に優れた心理状態をつくればよいという、重要な課題を明らかにしてくれたからです。

このことをよく覚えておいてください。つまり、実力発揮度を高めるためには、試合中に優れた心理状態をつくることが重要であるということです。

2 実力発揮度と「特性」の関係

次に実力発揮度と心理的「特性」との関係を調べてみました。実力発揮度の自己評価によるグループごとに、心理的競技能力診断検査の各因子の平均値を算出しました。結果は図21のとおりです。

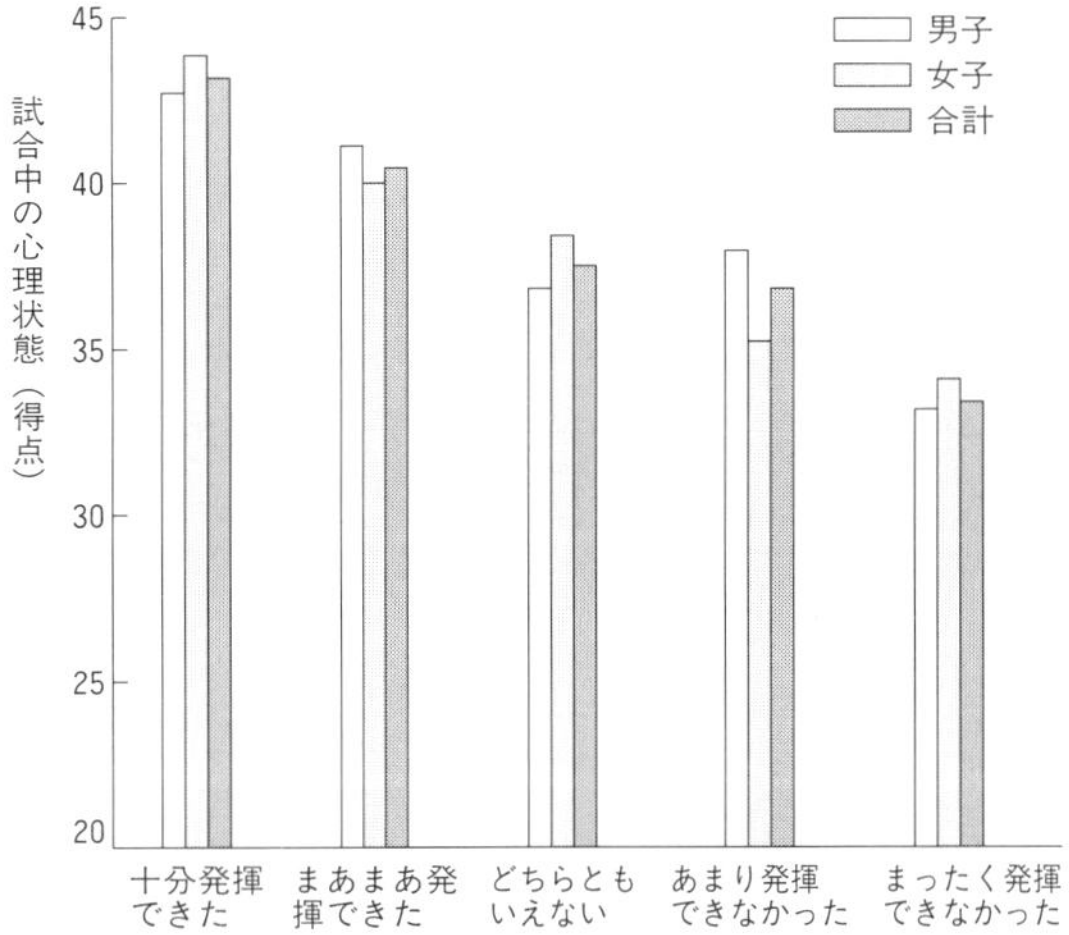

図20　実力発揮度と心理「状態」の関係

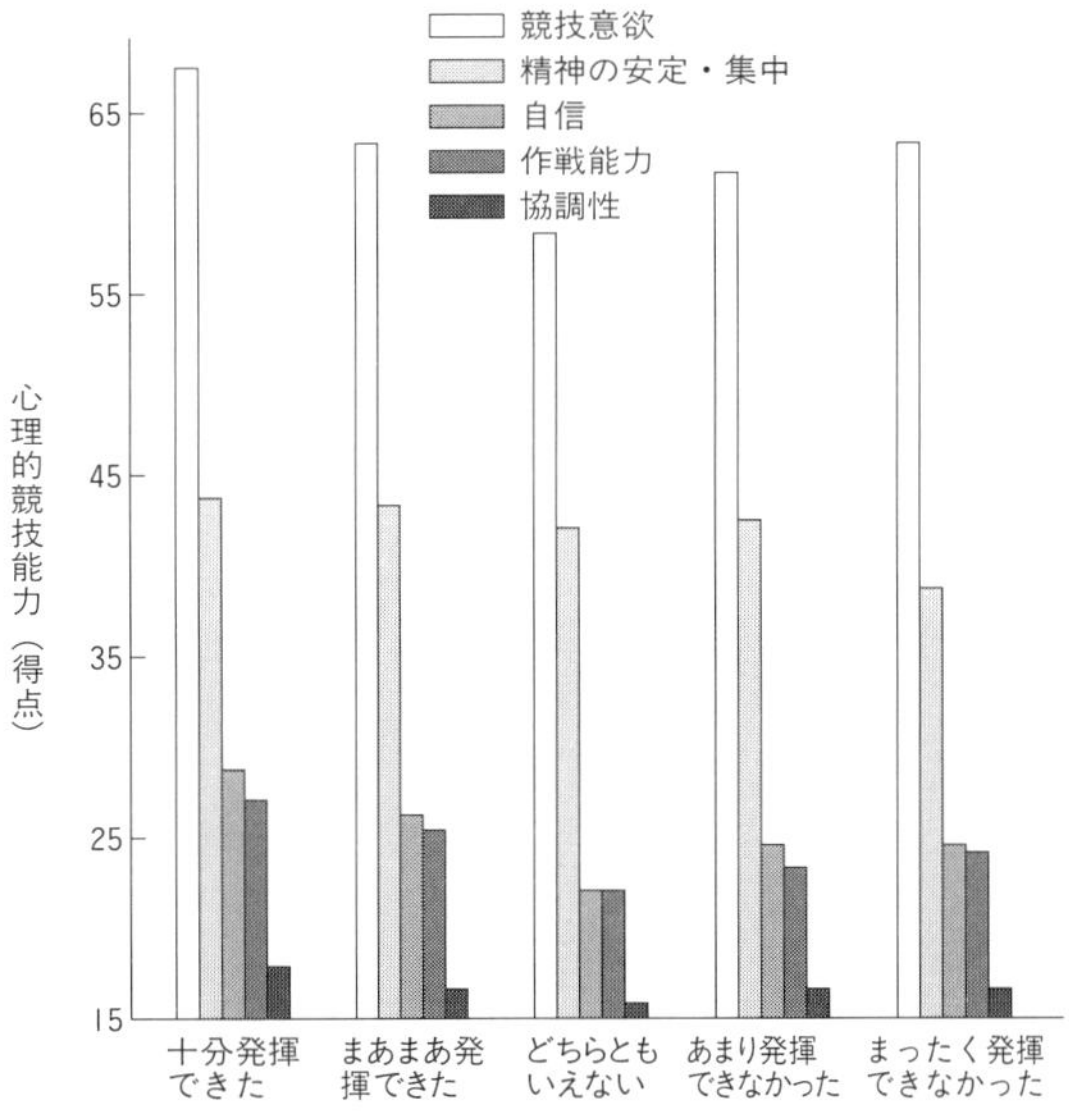

図21　実力発揮度と心理的「特性」の関係

結果は、実力発揮度の優れているグループは、実力発揮度の劣るグループに比較してどの因子においても平均値がやや高いことを示しています。すなわち、実力発揮度が優れている選手は、心理的「特性」が優れているということができます。しかし、この関係は、図20でみた試合中の心理「状態」と実力発揮度との関係ほど、著しい差ではありません。

これらのことから、心理的「特性」をみる心理的競技能力診断検査や試合中の心理「状態」をみる診断検査は、実力発揮度と非常に関係があることが明らかになりました。このことは、2つの検査で高得点が得られるようになることが、実力発揮度を高めることになるということを証明したことにもなります。

3 心理的競技能力および実力発揮度と競技成績の関係

スポーツの試合では、競技成績が重要な課題になります。そこで、競技成績と心理的競技能力の「特性」および「状態」、さらに実力発揮度とどのような関係があるかについて調べました。

1 競技成績と「特性」の関係

国民体育大会の成績により、優勝者群、準優勝者群、3〜4位の群、5〜8位の群、9位以下の群、の5つのグループをつくり、心理的「特性」とどのような関係があるかを分析しました。結果は図22のとおりです。

各グループごとに、心理的競技能力の５つの因子の平均値を算出し、比較しました。結果は、５群とも平均値はほとんど同じでした。統計的にも有意な差はみられませんでした。このことは男女別に分けて分析しても同じでした。すなわち、競技成績と「特性」としての心理的競技能力には関係が少ないということを示しています。

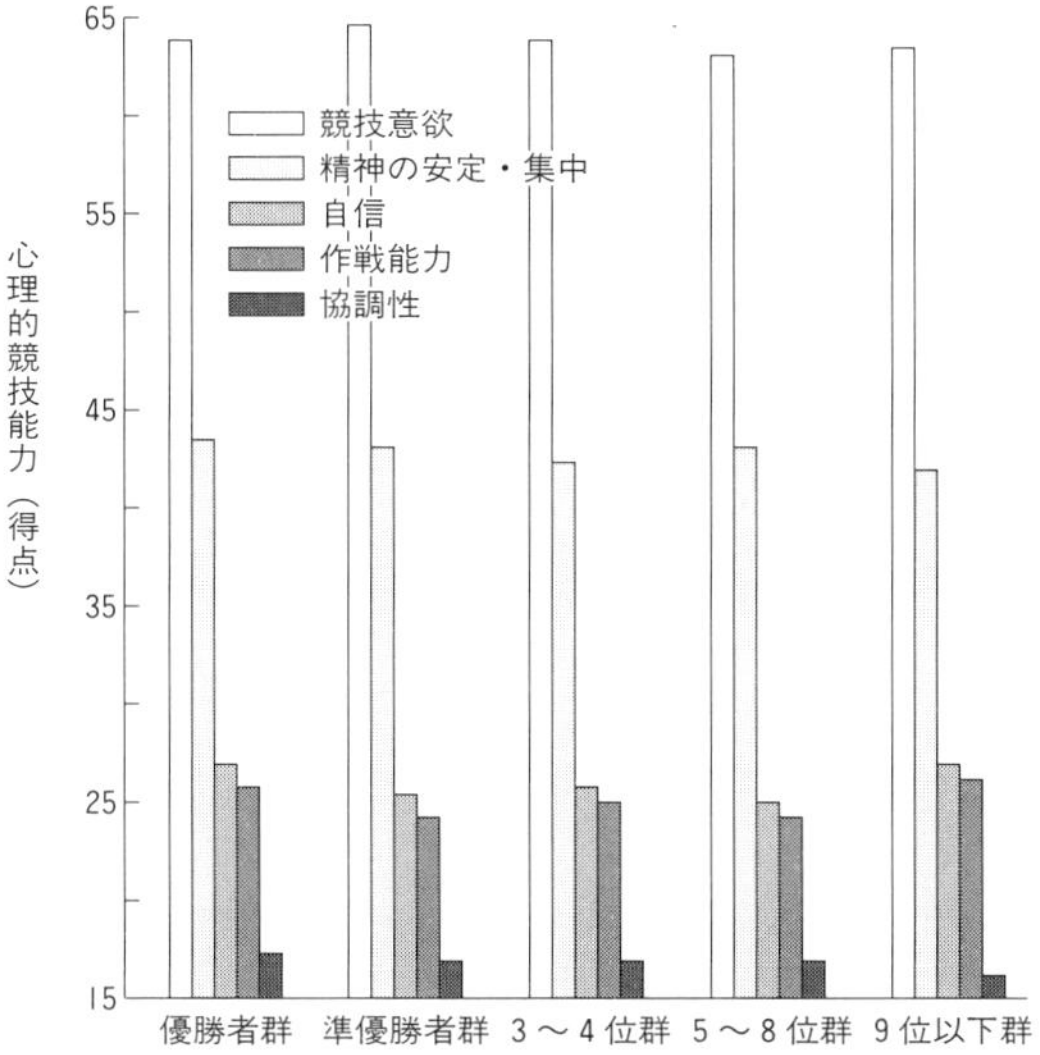

図22　競技成績と心理的「特性」の関係

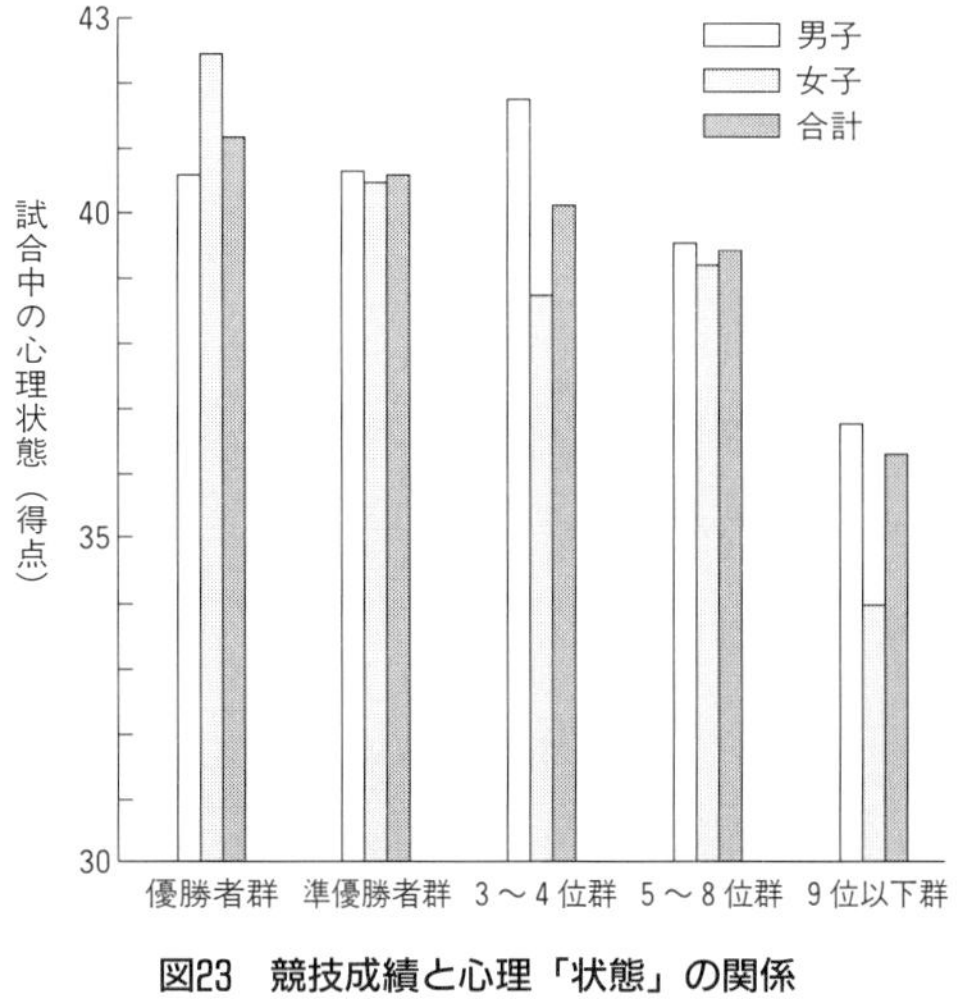

図23　競技成績と心理「状態」の関係

2 競技成績と「状態」の関係

試合中の心理状態については、国体での最後の試合を思い出して書いてもらった結果を用いました。「状態」としての得点は、50点満点です。

国体での競技成績を、先ほどと同様に優勝者群、準優勝者群、3～4位群、5～8位群、9位以下群、の5グループをつくり、試合中の心理状態の得点を比較しました。結果は、図23のとおりです。

競技成績が優勝者群は試合中の心理状態の得点が最も高く、9位以下の群は最も低い平均値を示しました。競技成績が優れているほど試合中の心理状態の得点が高く、成績が悪くなるに従って、試合中の心理状態の得点は低くなることをはっきりと示しています。

すなわち、競技成績の良い選手は、試合中に優れた心理状態であったことを意味しています。恐らく、優れた心理状態がつくれたから、競技成績も良くなったのだと思われます。

3 競技成績と実力発揮度の関係

競技成績は、優勝者群、準優勝者群、3～4位群、5～8位群、9位以下群、の5つのグループに分類しました。実力発揮度は、自己評価によって「十分発揮できた」から「まったく発揮できなかった」までの5つのグループに分けました。

競技成績ごとに実力発揮度の評価を比較すると、図24のようになりました。

競技成績が優勝者群では、「十分発揮できた」と答えた人が43％で最も多く、「まあまあ発揮できた」も37％で最も多いことがわかります。これを合計すると81％となり、優勝者群は実力を発揮できたと答えた人が8割いたことになります。

逆に、9位以下のグループでは、「まったく発揮できなかった」と答えた人は24％で最も多く、「あまり発揮できなかった」と答えた人も36％で最も多いことがわかります。これを合計すると60％となり、6割の人が実力を発揮できなかったと答えたことになります。

すなわち、競技成績が良い選手ほど、実力が発揮できた選手が多く、逆に競技成績が悪くなるほど、実力が発揮できなかったと答える選手が多いことがわかりました。優勝する選手は、実力を発揮している選手が多いということです。

しかし、選手の中には、競技成績が良くても実力発揮度は低い選手や、競技成績は悪いが実力発揮度は高い選手もかなりいます。このことは、競技成績には実力の発揮度だけでなく、その選手がもっている技術や体力、さらには、コンディションづ

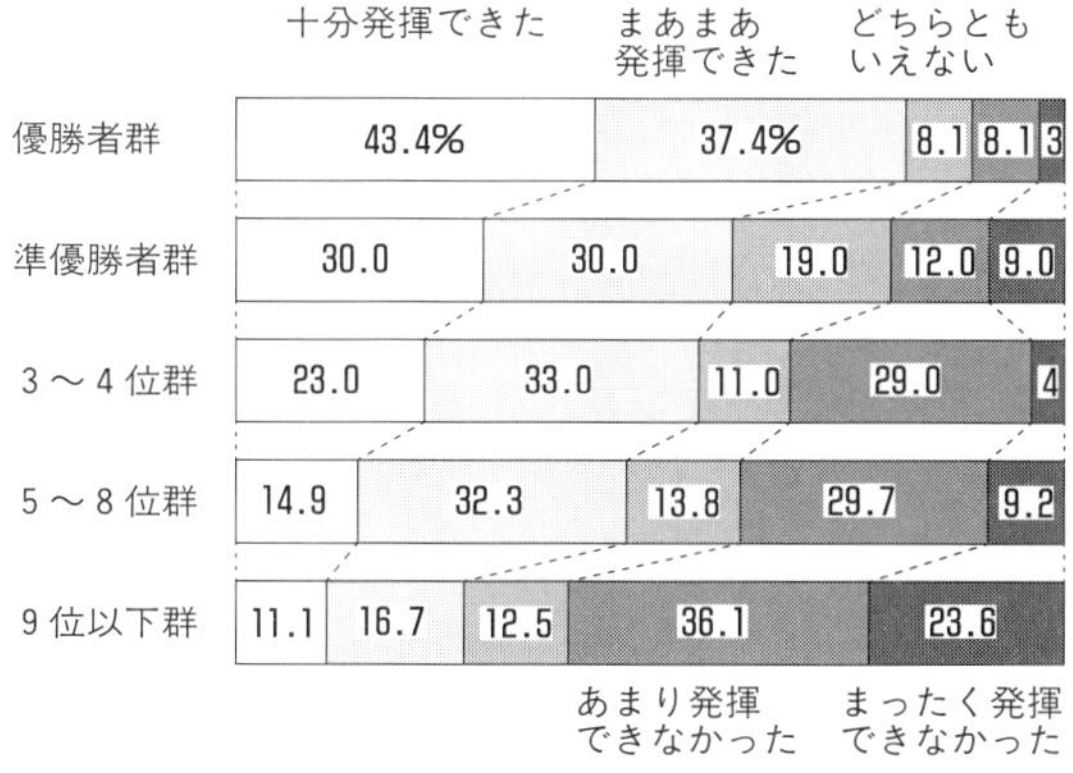

図24　競技成績と実力発揮度の関係

くりなども関係しますので、当然のことと言えます。

ただ、競技者としては勝敗も重要ですが、試合で実力を発揮することはもっと重要です。自分の実力を十分に発揮した後で、競技成績は決定されるわけですので、実力が低ければ試合で負けても仕方ないことです。したがって、スポーツ選手は練習で実力を向上させながら、いかにしてベストプレイを発揮するかという課題に挑戦することが大切です。

4 心理的競技能力、実力発揮度、競技成績の相互関係

これまでみてきた心理的競技能力と実力発揮度および競技成績との関係をまとめると、図25のようになります。

各変数（A～D）の関係の強度を、分散分析法という統計的方法で調べると、次のようになります。

特性としての心理的競技能力（A）は、試合中の心理状態（B）と最も関係が強く、実力発揮度（C）とも有意な関係がありますが、競技成績とはあまり関係がありませんでした。

次に、試合中の心理状態（B）は、実力発揮度（C）と最も関係が強く、競技成績（D）とも関係が見られました。そして、実力発揮度（C）は競技

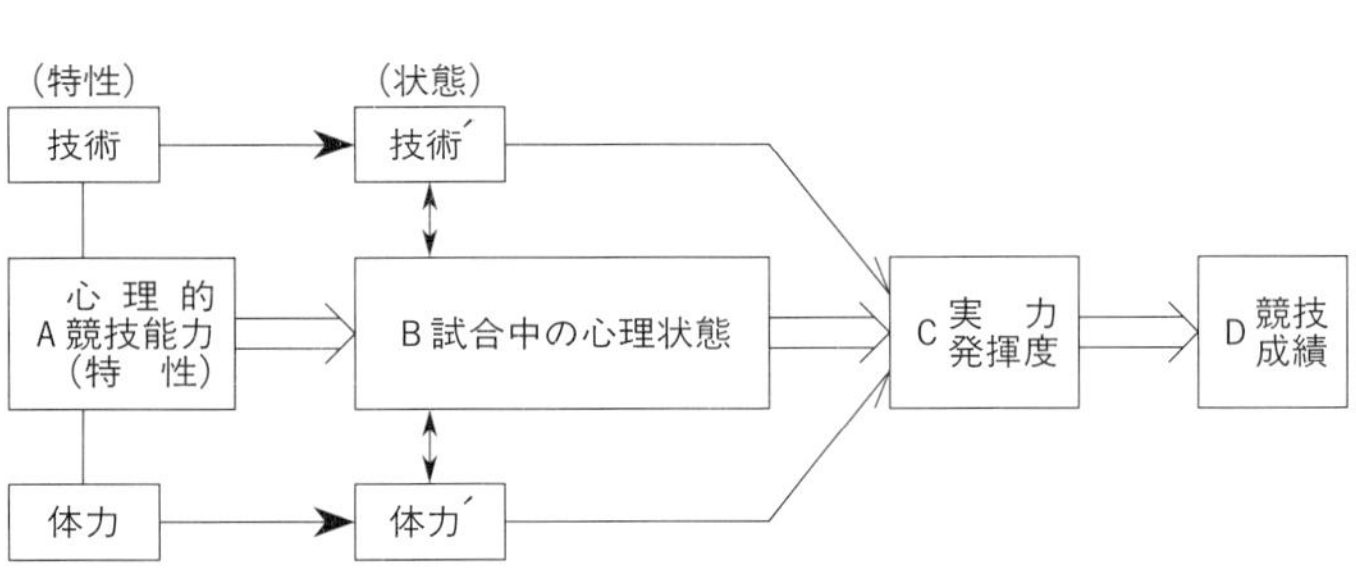

図25　心理的競技能力の「特性」「状態」「実力発揮度」および「競技成績」の関係

成績（D）と強い関係があることが明らかにされました。

ここで、最も重要なのは、試合中の心理状態の得点（B）が高いことです。試合中の心理状態の得点が高くなれば、実力発揮度も高くなり、競技成績も優れたものになるからです。つまり、自己のベストプレイを発揮するためには、試合中の心理状態を優れたものにする必要があります。もっとわかりやすく言えば、試合中の気持ちづくりが大切ということです。そのことをしっかり覚えておいてください。

そして、この試合中の心理状態の得点に最も関係しているのが、特性としての心理的競技能力（A）です。

したがって、スポーツ選手は、この「特性」としての心理的競技能力を高めなければなりません。「特性」としての心理的競技能力が高まれば、試合中の心理状態の得点が高くなり、実力発揮度も競技成績も向上するという関係ができあがるからです。

すなわち、最初に調査した心理的競技能力の得点が高くなることが、メンタル的に強い選手になることを意味しています。

したがって、1年に1～2回は、自分の心理的競技能力をチェックする必要があります。さらには、忍耐力、リラックス、集中力、自信などの12の項目に分かれている内容のトレーニングを、日ごろの練習の中に取り入れることが必要になります。

メンタルトレーニングは、これらの内容を意図的に、計画的に進めていこうとするものです。日本でも外国でも、多くのスポーツ心理学者が、それぞれのメンタルトレーニング法を紹介しています。

4 心理的競技能力評価尺度のシステム化

1 目標達成・実力発揮の目指した評価尺度

少々話はややこしくなりますが、図25で作成された関係図に、新たに「試合前の心理状態」「目標達成・実力発揮」「勝敗」「評価」、そして「メンタルトレーニングの指導」などを挿入すると、図26のようになります。この図で大切なことは、次の3点です。

第1は、「実力発揮・目標達成」には「試合中の心理状態」が顕著に関係しているということです。そして実力発揮・目標達成ができれば、試合に勝っても負けても「成功」と評価し、逆に実力発揮・目標達成ができなければ、たとえ試合に勝っても「失敗」と評価します。そして、試合では「成功」を重ねることが重要であることを示しています。さらに成功を重ねることが自信を高めることになります。

第2は、「試合中の心理状態」には「試合前の心理状態」や「心理

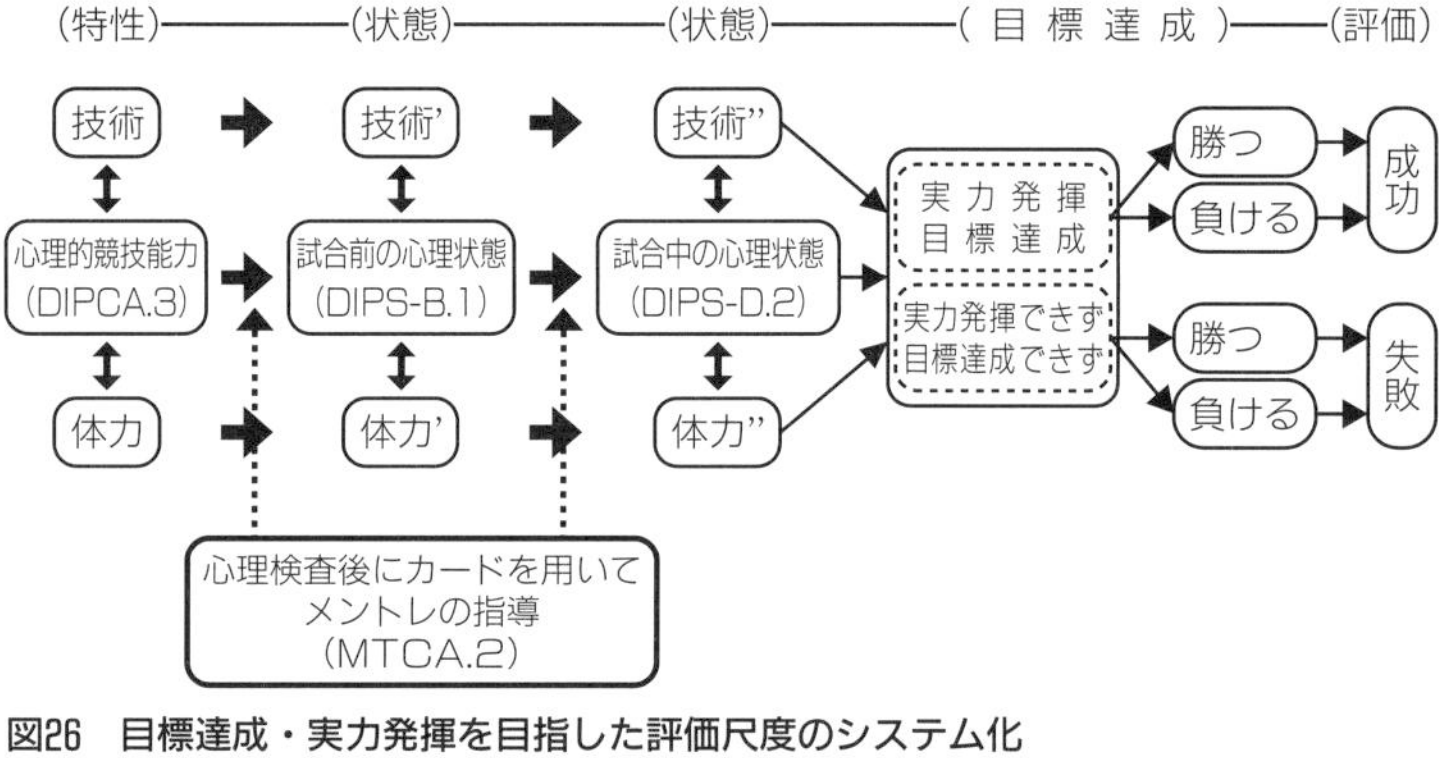

図26　目標達成・実力発揮を目指した評価尺度のシステム化

的競技能力」が関係し、「試合前の心理状態」には「心理的競技能力」が関係しているということです。

心理的競技能力が高い人は、試合前の心理状態がうまく高められ、そうなれば試合中の心理状態も良くなります。そして、試合中の心理状態が良くなれば、目標達成や実力発揮度が高くなります。

第3は、これら3つの診断検査の相互分析から「特性」と「状態」には顕著な関係がみられることを示しています。つまり、「特性」が高ければ「状態」も高くなるので、「特性」としての心理的競技能力を高めていくことが重要であるということです。また、心理的競技能力の診断や試合前の心理状態を診断した後に、メンタルトレーニングを中心とした心理面の指導を行い、試合中の心理状態がうまくできるようにするということです。

2 調査時期・指導内容を考慮した評価尺度

図27は、調査時期と指導内容を考慮した評価尺度をシステム化したものです。シーズン始めに特性としての「心理的競技能力診断検査（DIPCA）」を実施し、心理面の診断をするとともに心理面の

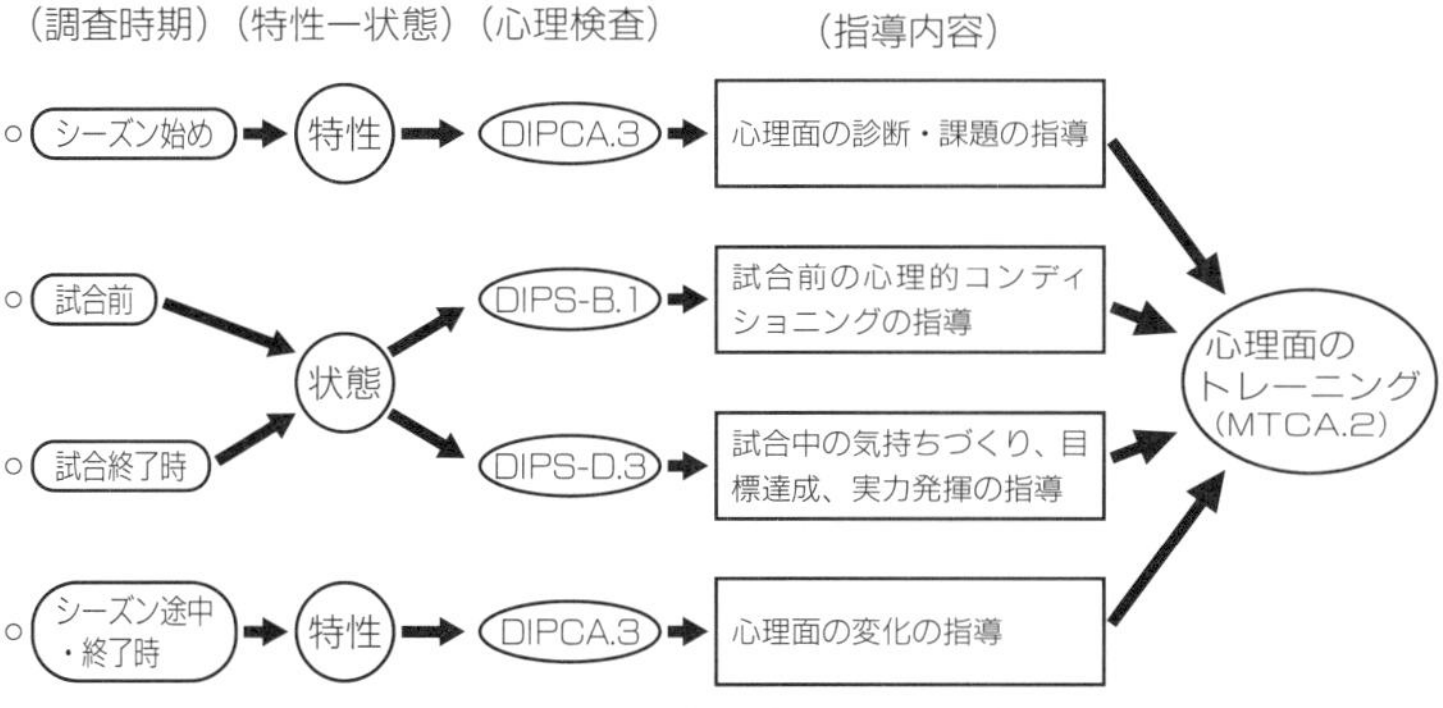

図27　調査時期と指導内容を考慮した評価尺度のシステム化

課題を指導します。

次に、試合前には状態としての「試合前の心理状態診断検査（DIPS-B.1）」を実施し、試合前の心理的準備の指導を行います。そして試合終了時には、状態としての「試合中の心理状態診断検査（DIPS-D.2）」を実施し、試合中の気持ちづくり、目標達成・実力発揮度の確認・指導を行います。

さらに、シーズン終了時または途中に、再び特性としての「心理的競技能力診断検査（DIPCA）」を実施し、シーズン始めと比較して、心理面の変化を診断・指導することを意味しています。

以上、長々と3つの診断検査の話をしてきましたが、3つの診断検査をうまく実施し、その結果に基づいて心理面のトレーニングをしていけば、目標達成・実力発揮度の確率が高まり、競技力の向上につながると考えます。

▲ここ一番で打てる選手をめざそう

第4章

「心理的競技能力」は、どのように強化するか

これまでに、心理的競技能力の診断の方法や心理的競技能力が、競技成績にどのように関係しているかについて述べてきました。そして、優秀な選手は心理的競技能力が優れ、試合前や試合中の心理状態が優れていることが証明されました。

次に重要なことは、こうした心理的競技能力はどのように強化すればよいかということです。このことについては、多くのスポーツ心理学者がいろいろな方法を述べています。ここでは、著者がこれまで多くの日本選手に実施してきた方法を紹介します。

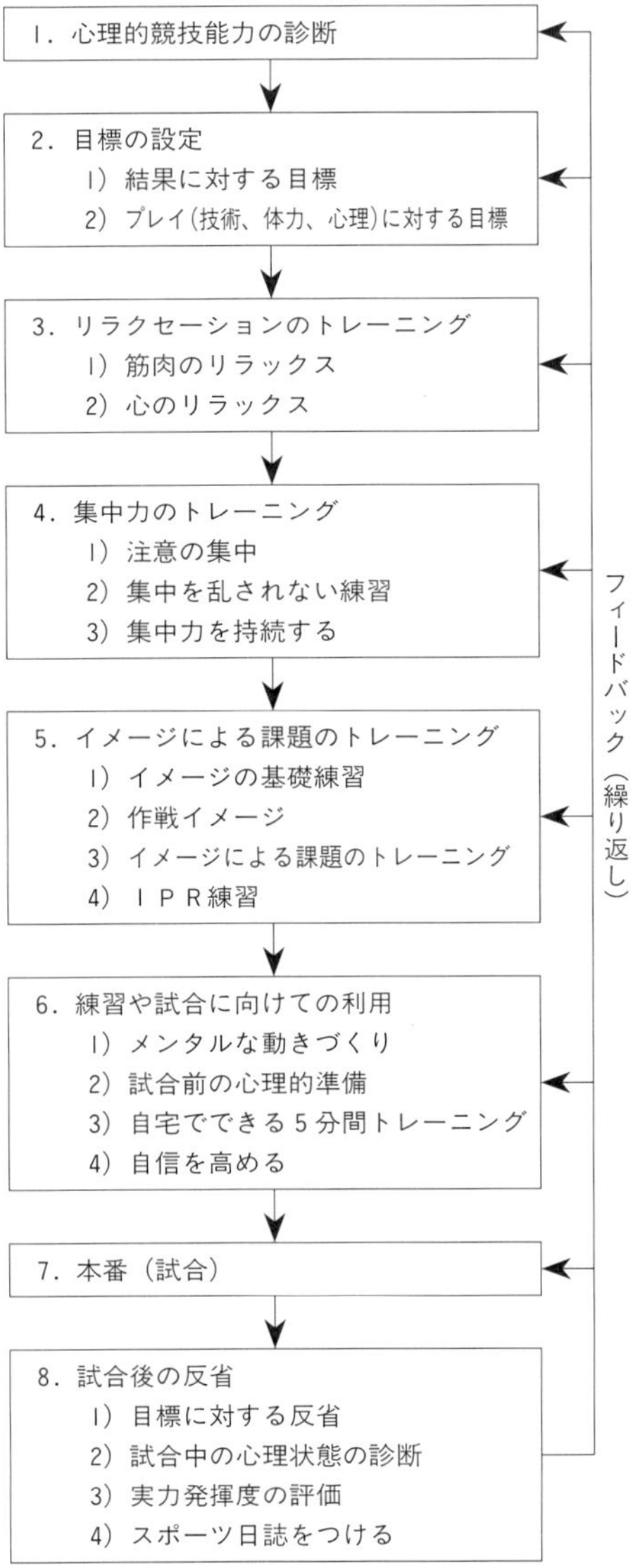

図28　心理的競技能力の内容とトレーニングの進め方

最初に、トレーニングの内容と進め方について説明すると、図28のようになります。第１に心理的競技能力の診断をします。そして第２に目標の設定をします。年間目標や試合の目標をつくることです。第３、第４はスポーツ選手に最も必要なリラクセーションと集中力のトレーニングです。そして、第５はイメージを使った課題のトレーニングをします。そして、第６は練習や試合に向けて試合場で利用できるように練習します。第７は試合の本番です。そして、最後の第８は試合後に新たな意欲がわいてくるような反省をします。特に心理的競技能力では、リラックス能力、集中力、イメージ能力を、どの競技のスポーツ選手にとっても重要な三つの基本的な能力と考えました。

試合が近づいたら、この順番にそって、試合のための心理的準備をするわけです。

順番は、どこから始めてもよいのですが、繰り返し行うことが大切です。このトレーニングを繰り返すことが、心理的に強い選手をつくることになります。その内容を順番に紹介していきましょう。

1　心理的競技能力の診断

目標を立てる前に、自分の長所と短所を確認する必要があります。確認するには、次のような方法があります。

1 自己診断

今までの試合の経験から、うまく行った時とうまく行かなかった時の特徴を明確にし、その差は何なのかを認識することです。自分がうまく行く心理状態（気持ちの持ち方）の時にはどんなことを考えているのか、逆にうまく行かなかった時はどういうことを考えているのかを考えてみてください。

そして、うまく行く時の気持ちの持ち方を再現する方法を考えましょう。

2 データの分析

試合のスコアやＶＴＲなどで自分の特徴を分析しましょう。どういう状況の時にはうまく行き、どういう状況の時に失敗しているかを調べましょう。

ＶＴＲでは、失敗する前にどういう動きや表情（その時の気持ち）をしているか、うまく行っている時はどういう動きや表情をしているかなど、動きや表情の中からその時にどういう気持ちであったかを推察することもできます。

3 指導者やコーチの意見

指導者、コーチ、仲間など自分以外の人の意見・感想にも耳を傾けてください。自分では気づかない貴重な意見をもらえることがあります。

4 心理検査

本書で紹介した検査だけでなく、いろいろな目的に応じた心理検査があります（192ページ参照）。客観的に長所・短所を診断できるので参考になります。

以上のような方法で、自分の心理的競技能力の特徴を分析し、目標を立てるための参考にしてください。

2 目標の設定

まず第1に、今度の試合について自分の体力、技術、心理にあった目標が明確にされ、それを達成する方法が確認されていることが大切です。

チームの目標や指導者の目標があると思います。しかし、あくまでも自分の目標がしっかり立てられていることが重要です。自分にあった目標が立てられていることが、意欲を高めることになります。私たちはこの目標設定とその達成方法にこれまであまり時間をかけませんでした。もっと時間をかけるべきです。

1 目標設定の効果

(1) 目標設定理論

ロック（Locke, E.A.）の提唱した「目標設定理論」によれば、次のことが明らかにされています。

① 明確で高いレベルの目標は、容易な目標や不明確な目標あるいは無目標の場合に比べて、より高い業績をもたらす。しかも、個人がその目標を受け入れていることが大切である。

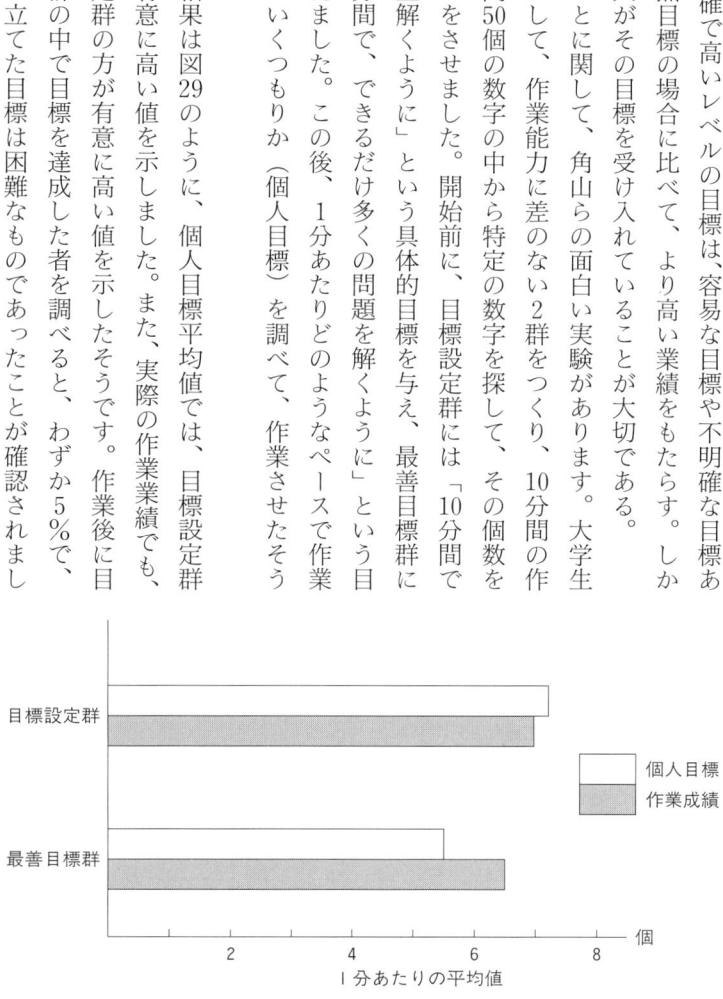

このことに関して、角山らの面白い実験があります。大学生を対象にして、作業能力に差のない2群をつくり、10分間の作業（1問50個の数字の中から特定の数字を探して、その個数を数える）をさせました。開始前に、目標設定群には「10分間で90問以上解くように」という具体的目標を与え、最善目標群には「10分間で、できるだけ多くの問題を解くように」という目標を与えました。この後、1分あたりどのようなペースで作業を進めていくつもりか（個人目標）を調べて、作業させたそうです。

その結果は図29のように、個人目標平均値では、目標設定群の方が有意に高い値を示しました。また、実際の作業業績でも、目標設定群の方が有意に高い値を示したそうです。作業後に目標設定群の中で目標を達成した者を調べると、わずか5％で、しかも、立てた目標は困難なものであったことが確認されまし

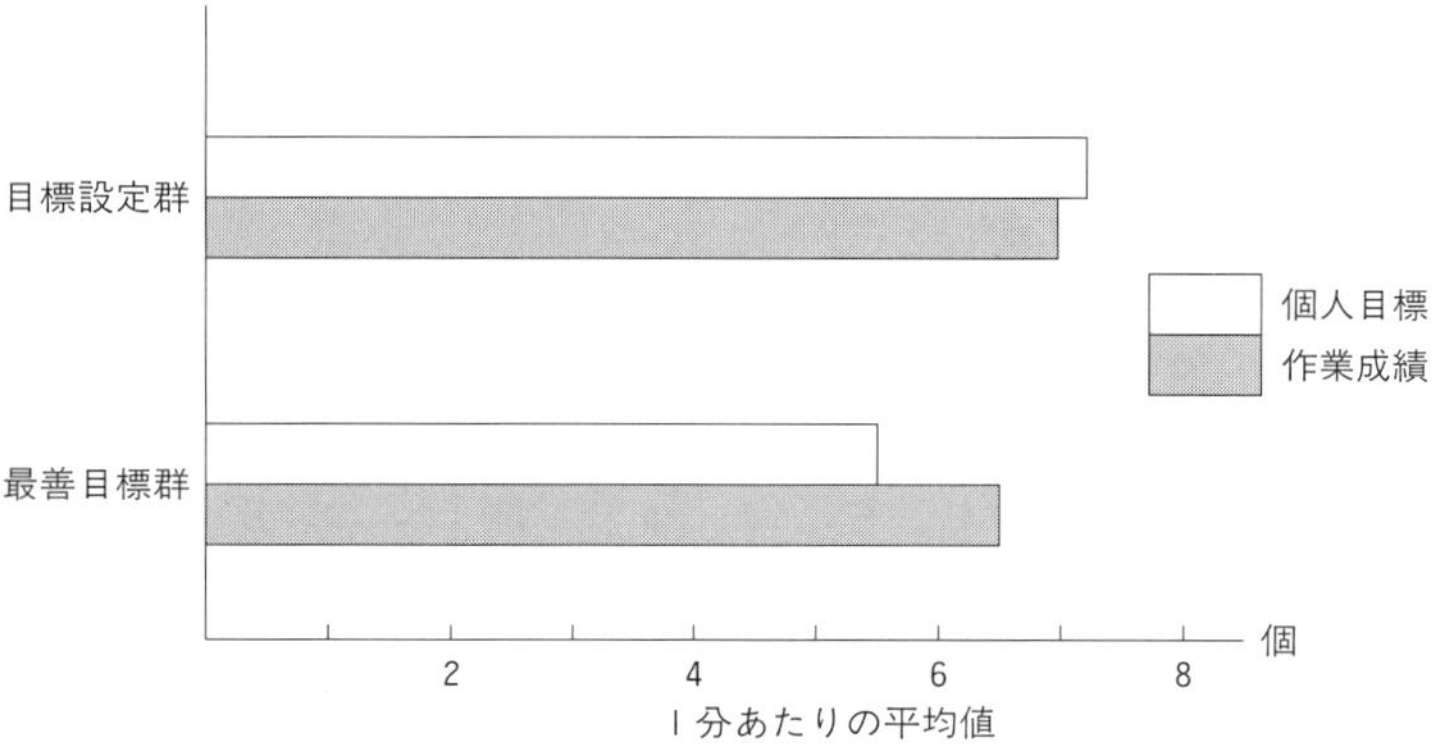

図29　明確で高いレベルの目標の効果（角山・松井による）
〔若林・松原編(1991)：組織心理学，福村出版〕

た。これらの実験から、明確で困難な目標が与えられた場合には、個人の目標が高くなり、その結果として業績も高まることが明らかにされました。

スポーツの指導では、よく「ベスト（最善）を尽くせ」と言われます。しかし、その時のベストの意味は具体性に欠け、目標設定の仕方としては適切でないと思います。努力すれば達成できそうな具体的な目標を設定することが、競技意欲を高めることになります。

②目標は適切なフィードバック（還元）と組み合わせた時に、モチベーション（動機づけ）改善の効果をさらに強める。しかも、進歩の遅い者、達成欲求の高い者、集団凝集性の高い群にフィードバックが与えられた時、業績の改善が認められる。

例えば、練習やトレーニングの中で、選手たちの現在の記録、技術、体力、心理的能力などが、世界的、国内的、地域的にどのようなレベルにあるかについて診断、評価してやることが重要です。いずれの練習やトレーニングでも、現在の状態を本人に知らせてやることが大切です。それに伴って目標が新たに設定され、やる気が高まります。

③業績についてのフィードバックを含む明確な集団目標の設定は、集団状況下での動機づけの低下を防ぐために有効である。

スポーツの指導では、試合後にチームの目標だけでなく、個人の目標を修正し、新たな目標を設定することが、チームとしての動機づけの低下を防ぐことになります。ミーティング後の新たな目標の設定の指導が、指導者の重要な役割といえます。

スポーツの指導で、目標の設定が競技意欲を高めるのは当然です。アメリカのスポーツ心理学者であるマートン（Martens, R.）は、表10のように目標設定の効果をまとめています。すなわち、目標は願望を明確にし、倦怠を回避させ、内発的動機づけとなり、満足感や自信を増す。さらに練習の質を向上させ、パフォーマンスを向上させると述べています。

⑵ 目標設定の原則

スポーツ選手の能力を開発する一つの方法として、具体的な目標設定の指導が大切です。アメリカのスポーツ心理学者グールド（Gould, D.）は、ピーク・パフォーマンス（最高のプレイ、動き、技術など）のための目標設定の原則として、次の11項目をあげています。

① 記録的・行動的表現による特別な目標を設定すること。
② 困難ではあるが、現実的な目標を設定すること。
③ 長期的目標だけでなく、短期的目標を設定すること。
④ 結果の目標ではなく、パフォーマンスの目標を設定すること。
⑤ 練習や競技のための目標を設定すること。
⑥ 消極的目標ではなく、積極的目標を設定すること。
⑦ 目標達成の日付けを明確にすること。

表10　目標設定の効果（R. マートンによる）

- 目標はパフォーマンスを進歩させる。
- 目標は練習の質を向上させる。
- 目標はこうなりたいという願望を明確にする。
- 目標はよりやりがいのあるトレーニングを行うことで倦怠を回避させる。
- 目標は達成に向けて内発的な動機づけを増す。
- 目標はプライド，満足感，そして自信を増す。

猪俣監訳（1991）：メンタル・トレーニング，大修館書店

⑧ 目標達成の方法を明確にすること。
⑨ 明確にされた目標を掲示すること。
⑩ 目標達成の評価法をつくっておくこと。
⑪ 目標達成のためのサポートを準備しておくこと。

(3) 数字的目標の立て方

① ベスト記録10％増

杉原らは小学校の児童に立ち幅跳びを指導し、その時、自分のベスト記録の何％くらいを目標にしたら、最も良い記録が出るかを実験しています（図30）。その結果は、ベスト記録に10％増くらいが最も良い結果（105・5％の変化率）であったことを明らかにしています。このことから考えると、タイムや距離を目標とする競技では、10％増の値を目標にするのが適切でしょう。なお、ベスト記録の30％増では103・4％、目標なしでは98・2％だったそうです。

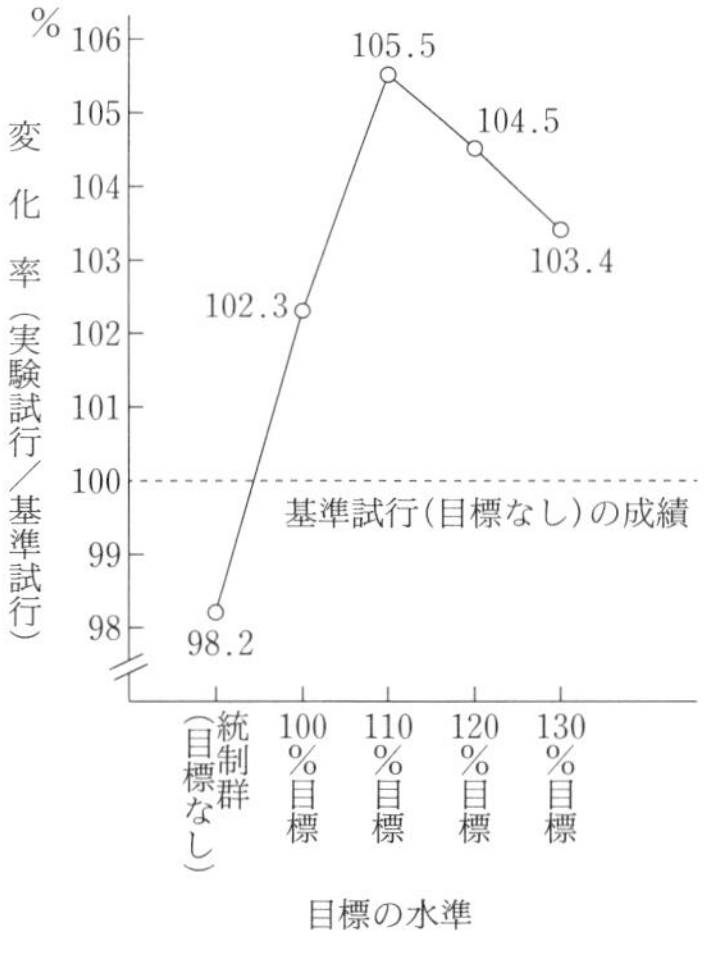

図30　立ち幅跳びの成績に及ぼす目標の効果（杉原、海野、1976）

② インターバル目標設定

これは過去の平均的な成績と最高成績を用いて、今後、目標とされる成績の範囲（インターバル）を算出しておき、それを目安に目標の到達を確認する方法です。水泳競技や陸上競技のようなタイムや距離を目標とするスポーツに有効です。たとえば、次のように算出します。

a 過去5試合の成績の平均を求める

水泳競技の１００m自由形を例にします。過去5試合の成績は、60秒、58秒、59秒、58秒50、60秒40で、平均値は59秒18です。

b　過去5試合の最高成績を求める

58秒である。

c　平均値と最高成績の差を求める

59秒18－58秒＝1秒18となる。

d　今後の目標に上限を求める

58秒－1秒18＝56秒82となる。

選手の今後の成績は、図31に示した目標の範囲（インターバル）内に入れば、目標が達成されたと考えます。今後、試合に出場するたびに新しい目標の範囲を算出していきます。

以上のようなことに注意して、次のような内容で目標設定を行ってください。

2 結果に対する目標

最初に、年間や各試合の結果について、優勝とかベスト8になるとか、1回戦に勝つなどの目標を立てることです。これは誰でも立てる目標だと思います。自分や相手のことを考えて、達成可能な結果に対する目標を立ててください。達成不可能な目標ではなく、努力すれば達成できる目標であることが重要です。

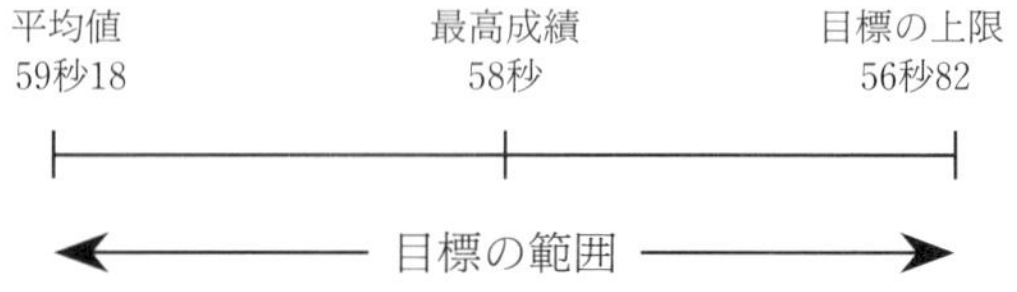

図31　インターバル目標設定

3 プレイの内容についての目標

もう一つ大事なことは、年間や各試合についてのプレイの内容についての目標を立てることです。プレイの内容について、技術面、心理面、体力面の目標を立てます。まず、試合面については、試合でどういうプレイ、動き、ペース、フォーメーション、技術を使うかということです。例えば、テニスの選手であれば、今度の試合では、「フォアのクロスを打つ」とか、「バックのクロスのパッシングを打つ」などの具体的なプレイの内容についての目標を立ててください。

次に心理面での目標を立てます。「積極的に攻撃的プレイをする」「イージーミスをしないように集中して行う」「逆転負けをしない」「闘志を燃やす」など、試合における気持ちづくりの目標を立てます。

さらに、体力面での目標も必要です。「最初はパワーを発揮する」「最後にバテないようにペース配分を考える」「持久力で負けないようにする」「フットワークをよくする」など、体力の使い方についての目標を立ててください。

4 目標達成の方法

目標ができたら、結果に対する目標とプレイに対する目標を達成するためには、どんな練習をしたらよいかを考えなければなりません。いつごろから、どんな練習をすればよいか、技術面、心理面、体力面の練習方法を考えます。

チームとしての練習のほかに、自分の練習が必要となります。あくまでも自分の目標達成のためには、チームが行う練習のほかに、自分用の秘密の練習を行うことが大切です。自分は他の人がしていない練習もしているという自信にもつながります。皆んなと同じ練習だけで、皆んなより良い成績が残せるわけはありません。自分の目標を達成するための「自分用の秘密の練習法」が必要です。

5 自己宣言

自分の目標を達成するために、自己宣言をするのです。受験生が机の前に「○○大学合格」などと書いているように、「○○大会ベスト4」「努力」「練習で泣いて試合で笑う」「絶対やるぞ」「フォアのクロスを打つ」など、あなた独得の自己宣言をして、紙に書いて貼っておくのが良いでしょう。

チームの目標や個人の目標についての自己宣言を、練習場や自分の部屋に貼っておくと、目標達成への意欲が高まることになります。

6 目標達成の効果と阻害要因

もう一つ大事なことは、この目標が達成された時の効果、利益、そしてあなたが得をすることを確認しておくことです。これが達成できたらどんな良いことが起こるかということを頭に描いて、練習に励んでください。例えば、「自分がいちばん嬉しく、自信になる」ことは当然ですが、喜んでくれる家族、友達、指導者などのことや、この目標が達成されたら自分の人生にとってこんな良いことが起こるだろう、ということを頭に描いて練習するということです。

それとは逆に、もう一つは目標達成を邪魔するものは何かを確認しておくということです。「甘い誘い」や自分の目標を砕くとすればそれは何かを、あらかじめ確認しておき、それに負けないようにしておくということです。

7 シーズン始めや各試合の具体的な目標設定

(1) 長期・中期・短期的目標

・長期的目標……スポーツ選手として最終的にどういう選手になりたいかを設定する。
・中期的目標……何歳ぐらいにはどれくらいの選手になっているかという目標を設定する。
・短期的目標……この1年間の目標を設定する。

短期的目標についてパフォーマンスに対する具体的目標を設定します。

パフォーマンスを技術面、体力面、心理面に分け、それぞれについて行動的、記録的表現による具体的目標を設定します（握力を60 kgにする、集中力をつけるなど）。

次に、目標達成の方法として技術面、体力面、心理面の目標に対して、それを達成するためにはどのような方法を用いて練習したり、トレーニングするかを設定します。さらに、具体的な目標達成の期日や目標を達成するための自己宣言（誓いの言葉）を書きます。自己宣言を部室や自分の部屋などにはっきりと書いて貼りましょう。表11（90ページ）のような年間目標設定表に記入させると便利です。

表11　年間目標の設定表

氏名	スポーツ種目（　　　　）	男子 ・ 女子	年齢（　　　　）歳
	学校・会社名（　　　　）		学年：中・高・大（　）年

1.スポーツに対する目標

長期的目標	スポーツ選手としての最終目標（例、オリンピック選手を目指す、スポーツの指導者になりたい、など）		
中期的目標	最終学年（中学3年・高校3年・大学4年）までの目標（例、インターハイに出場する、国体選手になる、など）		
短期的目標	本年度の目標記録を書いてください（記録がある人のみ）。	本年度の最終目標（○○大会優勝、ベスト4など）	
	種目（　　　）　記録（　　　） 種目（　　　）　記録（　　　） 種目（　　　）　記録（　　　）	チームの目標	
		あなたの目標	

2.本年度のプレイ（技術、体力、心理）に対する目標とその達成方法

	技術面の目標	体力面の目標	心理面の目標
技術面、体力面、心理面ではどんなことを目標にしますか。	（例）泳ぎのピッチを速くする。	（例）握力を60 kgにする。	（例）積極的なレースをする。
それぞれの目標を達成するにはどんな練習をしますか。			

3.目標を達成すると、あなたにはどんな効果、良いこと、嬉しいことがありますか。

4.目標を達成しようとする時、それを邪魔したり、障害になることはどんなことですか。それに対してはどのようにしますか。

目標達成の妨害	
妨害に対する対策	

5.目標を達成するための自己宣言（スローガン、決意、誓いの言葉など）を書いてください。

表12　試合のための目標設定表

氏名	スポーツ種目（　）	年齢（　）才	男子・女子	記入日　平成　年　月　日
	学校・会社名（　）	学年・中・高・大（　）年		

1.今度の試合の結果に対する目標を書いてください。(例、優勝、ベスト4、1回戦突破など)

2.今度の試合のプレイに対する目標とその達成方法を書いてください。

	技術面の目標	体力面の目標	心理面の目標
技術面、体力面、心理面ではどんなことを目標にしますか。	(例)クロスのフォアハンドストロークを打つ(テニス)。	(例)後半にバテないようにする。	(例)集中力を持続する。
それぞれの目標を達成するにはどんな練習をしますか。	(例)フォアハンドの練習を集中的にする。	(例)週に3回、4㎞走る。	(例)いつも自分に〝集中〟と言いきかせる。

3.目標を達成するとあなたにはどんな効果、良いこと、嬉しいことがありますか。

4.目標を達成しようとする時、それを邪魔したり、障害になることはどんなことですか。それに対してはどのようにしますか。

目標達成を妨害すること	
妨害に対する対策	

5.目標を達成するための自己宣言(スローガン、決意、誓いの言葉など)を書いてください。

(目標設定での注意点)

1. 目標は記録や行動について具体的内容を設定すること
2. 困難ではあるが努力すれば達成できる目標をつくること
3. 消極的目標（ミスをしないなど）でなく，積極的目標をつくること
4. 目標達成の評価法，目標達成した時の効果・利益を考えておくこと
5. 目標達成の障害になること，および障害を克服する方法を考えておくこと

当然のように、チームとしての長期・中期・短期的目標を設定し、チームとしての具体的な短期的目標を設定する必要があります。

シーズン当初やトレーニング当初に、チームとして本年度はどのような目標で行うかを設定します。その内容は、競技成績として○○大会○位、チームプレイとして○○フォーメーションの完成、練習上の注意として○○を守る、など個人目標の例にそって設定してください。

⑵ 試合への目標

試合に出るたびに結果に対する目標と、パフォーマンスに対する目標が明確にされ、確認されていることが大切です。しかも、チームの目標と個人の目標が明確にされ、確認されていることが必要です。要するに、チームと個人の明確な目標が設定されていることが必要ということです。表12のような目標設定表を作成し、記入させると良いでしょう。

3 リラクセーション能力の高め方

スポーツ選手の心理的競技能力で最も基本になるのが、リラクセーション能力です。試合になると誰でも緊張しますが、その緊張の度合いが問題なのです。手足がガチガチになって、今まで練習してきたことが、試合でまったく発揮できないようでは困ります。

最初に、なぜ緊張するかについて考え、次に筋肉（体）をリラックスする方法と心（意識）をリラックスする方法を紹介します。そして最後に、試合場面での体と心のリラックス方法について述べたいと思います。また、ここで紹介する方法は代表的なものです。自分に合った方法が最も良いことを、前もって知っておいてください。これらの中で自分に合った方法を選ぶことが大切です。あるいは、自分独得のリラックス法をつくっておくことが大切です。

1 なぜ緊張するのか

なぜ、リラクセーション能力を高める必要があるのでしょうか。そんなことは分かり切っています。誰でも試合になると、大なり小なり緊張するからです。緊張しすぎると、図32にあるように、日ごろの練習成果や実力が発揮できないからです。だから、緊張しすぎた時にリラックスする能力が必要になるのです。

図32は、横軸が心理状態（緊張度）の程度で、縦軸は実力発揮度です。緊張度と実力発揮度の関係はU字の逆を示していますので、逆U字曲線の関係にあると言われています。つ

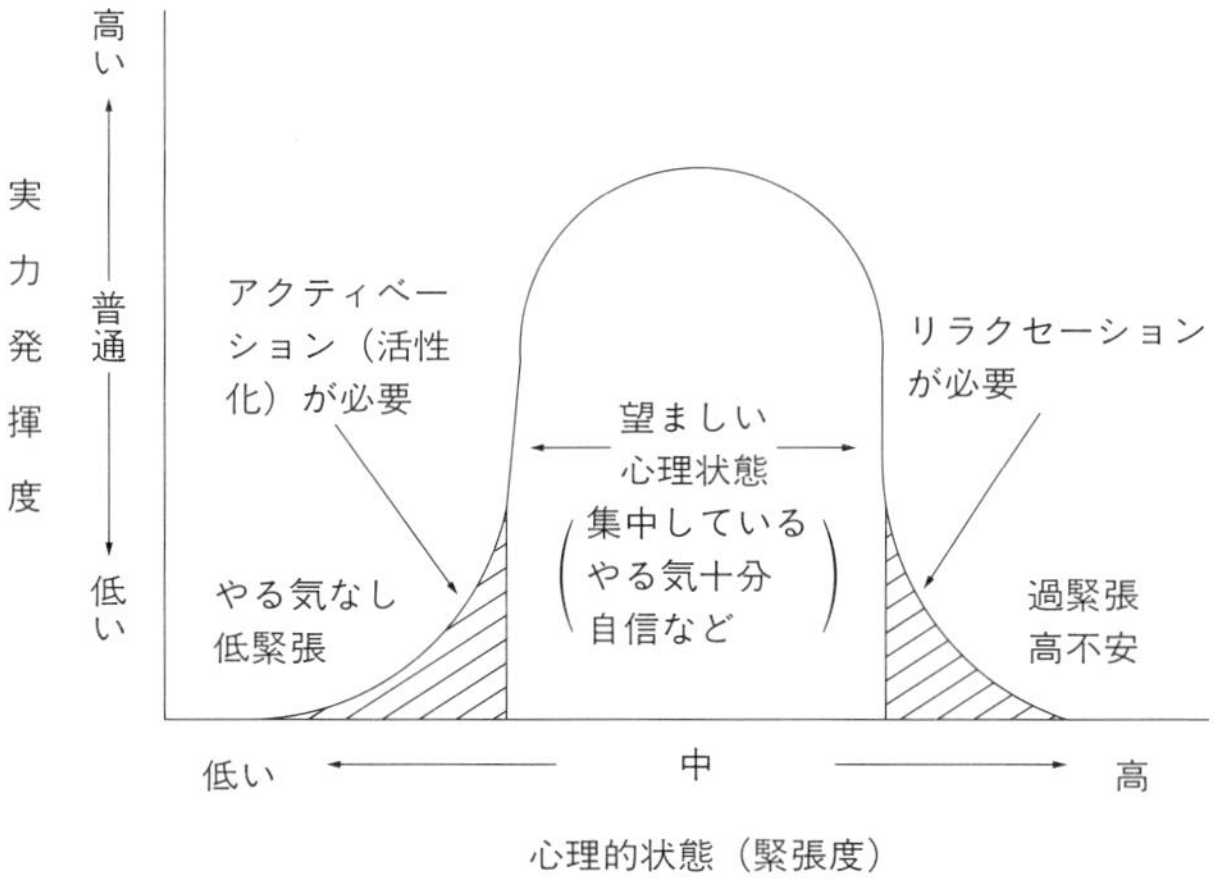

図32 緊張と実力発揮度の関係

まり、この図は緊張度が高すぎても低すぎても実力発揮度は低く、本人にとって適度な緊張度の時が最も優れた実力発揮度が得られることを示しています。しかし、適度な緊張度といわれても、それは個人の性格によっても違うし、スポーツ種目やポジションによっても異なるので非常に難しいことです。しかしながら、本人にとって望ましい心理状態をつくれることが、実力発揮度を高めることは確かな事実です。

そこで、リラックス法を説明する前に、われわれ人間はなぜ緊張するのか、について理解しておくことが必要と思われます。

答えは、図33を見てください。ストレッサーとしての「試合」を本人がどのように考えるか（認知的評価）によって、緊張の度合いが異なります。「勝ちたい」とか「カッコイイところを見せたい」とか、「失敗したら恥かしい」「負けたら申し訳ない」「負けられない」などと考えると緊張します。この認知の仕方が、緊張の度合いを変えることになります。

緊張というのは大脳皮質の認知の仕方に基づき、人間の感情をつかさどる間脳の視床下部が興奮して、交感神経を刺激し、アドレナリンなどのホルモン分泌を伴い、心臓がドキドキしたり、筋肉が硬くなったり、さまざまな生体の諸機能に影響を与えている状態です。緊張は、試合に

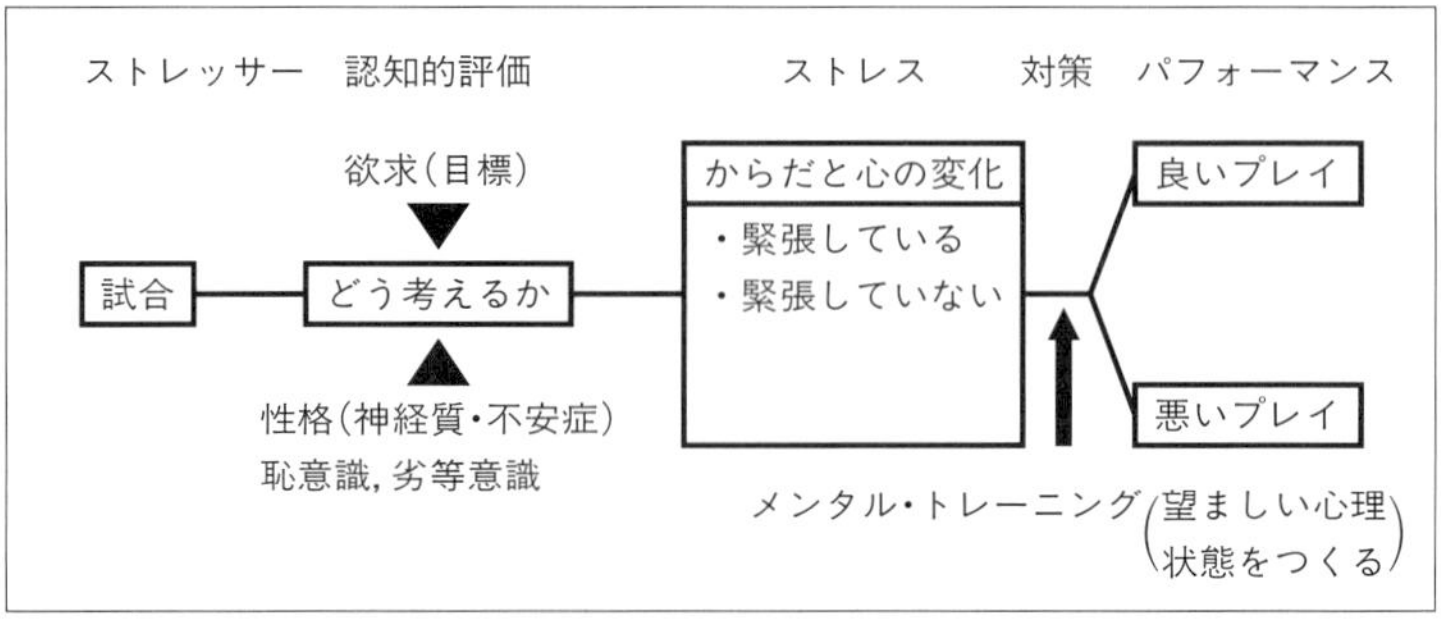

図33　緊張とメンタルトレーニングの関係

対する認知の仕方によって心の状態が変化し、それに伴って生体が変化している状態というように考えることができます。つまり、ストレス（状態）とか〝あがり〟とか、〝プレッシャー〟というのは、言葉こそ違え、この体と心の変化の状態のことです。

この認知の仕方に関係するものとして、本人の欲求（目標）があります。「試合に勝つ」「カッコイイところを見せる」ことによって、他の人から認められたい、承認されたい、尊敬されたいといった欲求は、心理学者のマスロー（Maslow, A.H.）が人間の欲求を5段階に分けた中の4段階目の「尊敬の欲求」に当たります。こうした尊敬されたいという欲求が強すぎると、私たちはどうしても緊張度が高くなります。

マスローが言う「人間としての最高の欲求」は、自分の限界（可能性）に挑戦する、自分の目標を達成するといった5段階目の「自己実現の欲求」です。「勝ちたい」という欲求が「自分のベストを発揮する」という欲求にかわる時、私たちの緊張度は抑制されるものです。

もう一つ、認知の仕方に関係する重要なものとして、本人がもっている性格をあげることができます。物事を神経質に考えたり、何かと不安になりやすい人、失敗を恐れる人、あがりやすい人は、認知の仕方が変わってきます。「失敗したら恥かしい」「負けたらどうしよう」「うまくできそうにない」などと考えると、緊張度が高まるからです。すなわち認知の仕方には、このほかにもいろいろな要因が関係しており、個人差があります。

問題は、緊張しすぎた時に、それを緩和するための方法としてメンタルトレーニングが必要ということです。その1つがリラックス法です。緊張しすぎたままプレイ（パフォーマンス）を続行すると、悪いプレイになってしまうでしょう。緊張しすぎたと「気づき」、何らかの対策をとり、緊張を抑えることができれば、良いプレイにつながることになります。緊張しすぎた時、適度な緊張になるようにするのがリラックス法です。自分はどのくらい緊張した時に最も良い結果が出るかを、知っていると良いと思います。スポーツ種目によっても適度な緊張は違いますから、過去の体験から自分の最も良い結果が出る緊張度を確認し、それに近づけるようにリラックス法を利用すればよいと思います。

2 筋肉のリラックス

それでは、緊張して硬くなった筋肉をリラックスさせるための方法として、深呼吸、緊張とリラックスの繰り返し、手足を温かくする、額を涼しくする方法などを紹介します。

(1) 深呼吸

息を長く吐きながら全身の力を抜く方法です。多くの人が、緊張すると大きく深呼吸をしています。息を吸い込む時に4秒間、次に息を4秒間くらい止める。そして、8秒間でゆっくり長く吐き出します。つまり「4—4—8」拍子です。さらに息を吸い込む時に腹をふくらませ、少し全身に力を入れます。そして、息を出す時は腹をひっこませながら、全身の力を抜きます。これは腹式呼吸の方法になります。

簡単なことのようですが、深呼吸をすることすら忘れるほどに緊張することがあります。深呼吸をすることで、筋肉の緊張をとることができます。ゆっくり吐き出す息に注意を集中しながら全身の力を抜きましょう。

⑵ 筋肉の緊張とリラックスを繰り返す

これは、アメリカのジェイコブソン（Jacobson, E.）という人が考案した「漸進的リラクセーション法」といわれる方法です。筋弛緩法ともいわれます。顔、肩、腕、腹、脚、そして全身に、力を入れたり、力を抜いたりして、それぞれの部分のリラックス感をおぼえる方法です。表13は漸進的リラクセーションの部位と順序です。

誰でも緊張すると、顔がこわばったり、肩に力が入ったりするものです。力が入っていることと力が抜けていることに「気づく」ことが重要なのです。力が入った状態とリラックスした状態を交互に繰り返し、両方の感じをおぼえるという方法です。次の文章を読みながら、あなたも行ってみてください。

A　こぶしのリラクセーション

① 気持ちを楽にしてゆったりと椅子に座る。次に右手のこぶし、手、前腕に緊張を感じる（約10秒）。

② 今度は力を抜く。右手の指をゆるめ、緊張した時の感じとどう違うかに気づく（約20秒）。

表13　漸進的リラクセーションの部位と順序

1．こぶしと腕（右こぶし→左こぶし→両こぶし→両前腕→両腕二頭筋）
2．顔面（額→眼→あご→舌→唇）
3．頸（後→右→左→前）
4．肩（上下→前後）
5．胸部（肺）
6．腹部（腹筋）
7．背部（上→下）
8．臀部・大腿部（屈→伸）
9．足および全身（下→上）

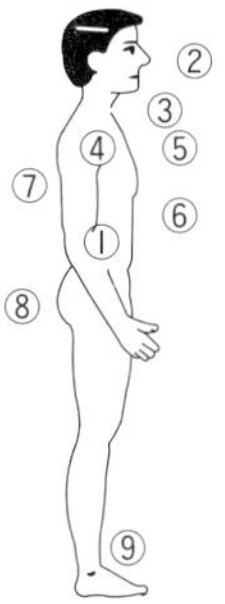

内山（1981）：心の健康，日本生産性本部

③今度は左のこぶしで同じことを繰り返す。左のこぶしを握りしめ、体の他の部分はリラックスさせる（約10秒）。

④力を抜く。その違いをよく確かめる。

⑤今度は、両方のこぶしを固くギュッと握りしめ、前腕を緊張させ、その感覚をよく調べる（約10秒）。

⑥力を抜く。指を伸ばし力が抜けた感じを出す。手や腕の力をもっと抜き続ける。

B　腕のリラクセーション

①次は肘を曲げて腕に力を入れる。肘を強くひきしめてその緊張感を確かめる（約10秒）。

②力を抜く。腕を伸ばし、違いをもう一度感じる（約20秒）。

③次は腕を伸ばす。腕の外側（二頭筋）の部分にいちばん緊張を感ずるようにする（約10秒）。

④力を抜く。腕を楽な位置にもどす。そのまま力を抜きつづける。力を抜くにつれて、腕が気持ちよく重い感じが強くなってくる（約20秒）。

C　肩のリラクセーション

①次はギュッと肩をすぼめ、そのまま緊張を保ち続ける（約10秒）。力を抜く。肩を落として力が抜けた感じをおぼえる。頸と肩の力が抜けている（約20秒）。

②もう一度肩をすぼめ、ぐるぐる動かす。肩を上下、前後に動かし、肩と背中の上の方に緊張を感じとる（約10秒）。

③ 肩の力を半分ぐらい抜く（約10秒）。

④ 今度は、肩をもう一度落として、全部の力を抜く。肩から背中の筋肉まで完全に力を抜く（20秒）。

D 顔面のリラクセーション

a 額

・体じゅうの筋肉を全部ゆるめ、静かに、楽に後ろへもたれる。額にしわをよせる。もっと固くしわをよせる（約10秒）。

・リラックス。楽にしてしわを伸ばす。リラクセーションが進むにつれて、額から頭にかけてしわがなくなると想像する（約20秒）。

・今度は顔をしかめ、眉にしわをよせる（約10秒）。

・リラックス。一度緊張をとり去り、額のしわを伸ばす（約20秒）。

b 目

・次は目を固く閉じる。もっと固く。緊張が感じられる（約10秒）。

・閉じたまま目の力を抜いて楽にする。リラックス。目はそっと楽につぶったままにして、リラクセーションに注意を向ける（約20秒）。

c あご

・あごをかみ合わせて、歯をギュッとかみしめる。下あごいっぱいに広がった緊張をよく確かめる（約10秒）。

・リラックス。軽く上下の唇を離す。唇のリラクセーションをよく確かめる（約20秒）。

d　舌

・次に、舌を上あごの天井に強く押しつける。緊張があるかどうか確かめる（約10秒）。

・リラックス。もとのリラックスした楽な位置に舌をもどす（約20秒）。

e　唇

・次は唇をすぼめ、上唇と下唇を押しつける。もっともっと固く押しつける（約10秒）。

・リラックス。緊張とリラクセーションをよく比べてみる。リラクセーションを顔全体に感じる。額、頭、目、あご、舌、唇にも感じる。リラクセーションがどんどん進んでゆく（約20秒）。

以上、代表的な部位の練習方法を紹介しました。正式には表13のような部位と順序で行うようになっています。要するに、どこかの筋肉に「力を入れたり」「力を抜いたり」を繰り返すことによって、緊張している時の状態と力が抜けている（リラックスしている）状態に早く「気づく」ように練習するわけです。特にスポーツ選手は緊張すると肩や顔に力が入りやすいので、肩や顔のリラックスをおぼえておくとよいと思います。

1日に1～2回、全部で5～10分くらい行えばよいでしょう。数か月続ければ、うまくできるようになります。

⑶　手や足を温かくする

筋肉がリラックスしている体の状態を見分ける方法として、手や足が温かいという方法があります。普通、体温は摂氏36度前後ですが、手の温度（人さし指の先端の皮膚温）はリラックスしている時は摂氏32度以上で、非常にリラックスすると摂氏35度以上といわれています。試合前に自分の手の温かさを確認するのも良いでしょう。指導者であれば、選手の手を握ってみて、温ければ良く、冷たければウォーミングアップをもっと十分させるべきでしょう。

したがって、手や足を温かくする方法をおぼえることが、リラックスができることになります。いろいろな方法があります。基本的なことを紹介しますので、自分に合った方法を身につけてください。

① 自律訓練法の温感練習

１９３２年、ドイツの精神医学者シュルツ（Schultz,J.H.）は『自律訓練法』という本を出版しました。その本の冒頭に「自律訓練法というのは、催眠をかけられた時と同じ状態になるように合理的に組み立てられている生理学的訓練法である」と述べています。

この自律訓練法は、静かな場所でゆったりした姿勢を保ち、受動的な心構え（「ガンバッテやるぞ」という能動的な心構えではなく、心をむなしくして、次にくるものを無心に待つ状態）をして、心の中で一定の公式を唱えていきます。そうすると、受動的な注意集中が得られ、心身の再体制化（精神的切り換え）が起こるというものです。つまり、心身の働きが改善され、不安が解消されて、精神が安定し、身体的にも快調となります。また、自分をよくコントロールでき、自分の状態について洞察を深め、潜在能力の発揮につながると言われています。

姿勢は図34のように、閉眼であおむけ・腰かけ・よりかかりのいずれかを用います。練習の1回の時間は初期は30～60秒でよいが、一般的には1～2分とします。1回の練習ごとに図のような調整運動（両腕を3回屈伸する）をして、1～2回深呼吸をして目を開けて、2回目に進みます。

自律訓練法は、次のような背景公式と第1～第6公式まであります。

背景公式（安静練習）……「気持ちが（とても）落ち着いている」
第1公式（重感練習）……「両腕両足が重たい」
第2公式（温感練習）……「両腕両足が温かい」
第3公式（心臓練習）……「心臓が静かに規則正しく打っている」
第4公式（呼吸練習）……「楽に呼吸している（あるいは、呼吸が楽だ）」
第5公式（腹部温感練習）……「大腸神経（あ

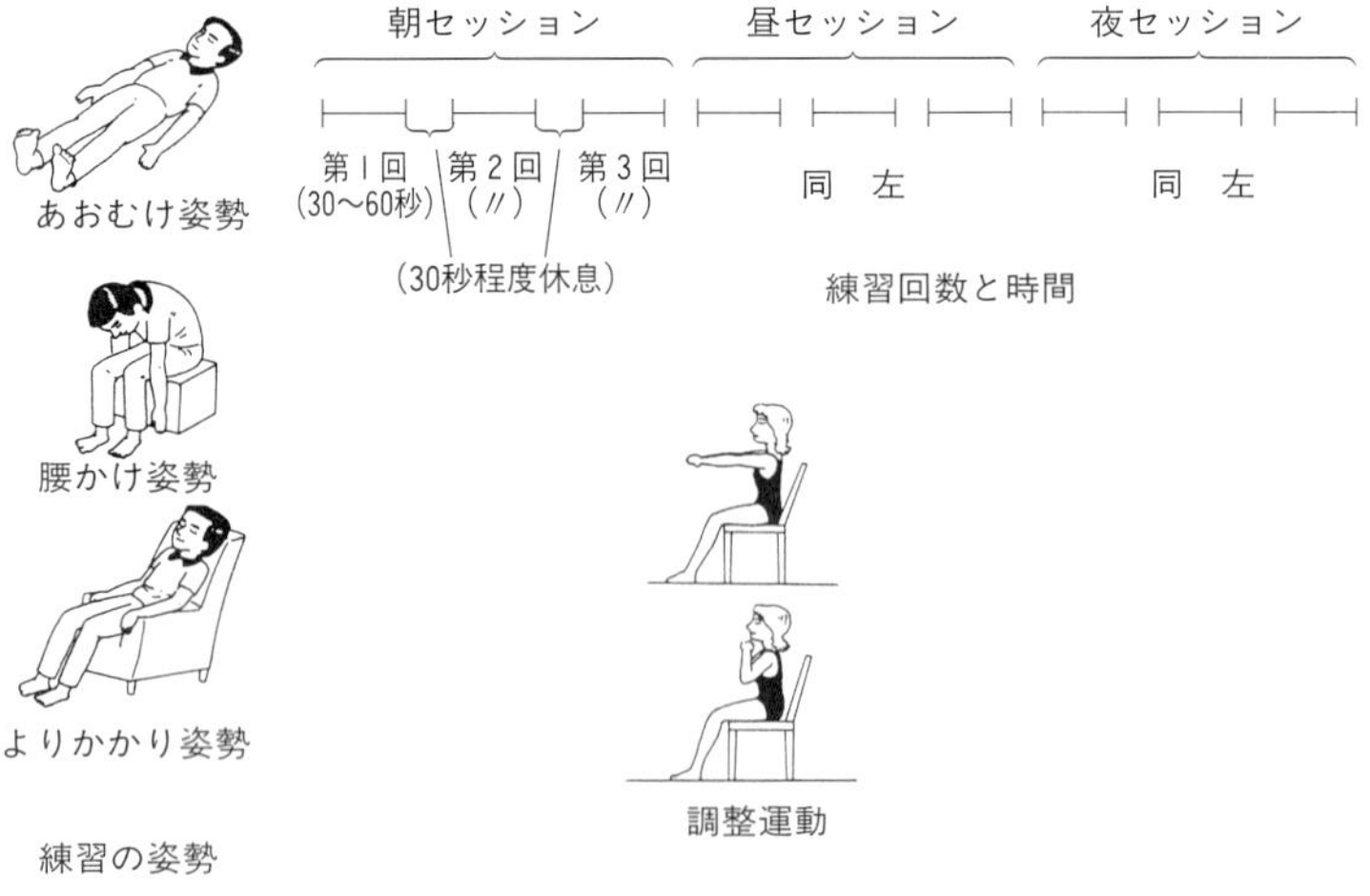

図34　自律訓練法の姿勢，練習回数と時間および調整運動
内山(1981)：心の健康、日本生産性本部

るいはお腹）が温かい」

第6公式（額涼感練習）……「額が（快く）涼しい」

ここでは第2公式の温感練習をして、手足を温かくすることを練習してみてください。もちろん、あなたに興味があれば、他の公式も練習してください。自律訓練法は、心身症といわれる心の持ち方によって体に異常が生じる疾病（神経性の頭痛、下痢、潰瘍、胃炎、食欲不振や自律神経失調症など）に使われている治療法でもあります。

★第2公式の（温感練習）の進め方

リラックスした姿勢で椅子に座り、目を閉じて「右腕が温かい」という言葉を頭の中でゆっくりと何度も繰り返しながら、ぼんやりとした注意を右手の指先から、右腕の肩の付け根まで、右手右腕全体に向けます。そのさい、「右腕が温かい」という言葉を繰り返してつぶやいている間に、「気持ちが落ち着いている」を挿入してください。

つまり、「気持ちが落ち着いている……右腕が温かい……右腕が温かい……右腕がとても温かい……気持ちが落ち着いている……右腕が温かい……温かい……」と続けます。すなわち、［右腕］→［右腕＋左腕］→［両腕＋両脚］と進めます。温感練習により筋肉の緊張をとり、毛細血管をゆるめ、血液の流れをよくし、皮膚の温度を上昇させることができます。その時、皮膚温は2〜3度上昇するといわれています。両腕が温かい感じになり、血液の流れを「ジン、ジン」、「ドクッ、ドクッ」と感じるようになれば、成功です。

② 皮膚温のバイオフィードバック法

バイオは生体、フィードバックは還元（帰還）という意味です。バイオフィードバック法は、生体の情報（脳波、筋電、皮膚温、心拍、血圧、呼吸、皮膚電気反応など）を音信号や光信号に変え、それを本人に知らせることによって緊張や弛緩状態を認知させ、その音や光を手かがりにして、心身のコントロールをトレーニングする新しい方法です。

漸進的リラクセーションの筋肉の弛緩状態は筋電バイオフィードバックで、自律訓練法の重感・温感練習は皮膚温バイオフィードバックで、そして座禅の「禅定三昧《ぜんじょうざんまい》」（心を正しくし、一か所に集中し妄念を離れること）の境地に出るといわれているアルファ波は、脳波バイオフィードバックを用いて練習することが可能です。

これまで主観的にしか評価できなかったリラクセーション状態を、客観的に音や光、そして数量的に知ることができることが最大の利点です。写真は大学生に対する皮膚温バイオフィードバックのトレーニング風景です。これまで人間の意志ではコントロールできないとされていた生体の反応を、バイオフィードバック機器を用いて自由にコント

▲メンタルトレーニング風景

ロールできることが証明されつつあります。皮膚温バイオフィードバックは皮膚の温度を音に変え、リラックスして手の温度が高くなると音が消え、緊張して手の温度が低くなると音が高くなるように作られています。したがって、音を消す要領をおぼえれば、手の温度を高くする方法につながるというわけです。音を手がかりにして手の温度を上げるコツをおぼえ、最終的には、バイオフィードバック機器を使わなくても、リラックスできる方法を身につけることになります。もし、バイオフィードバック機器がなければ、体温計を指先に巻きつけても手の温度を知ることができます。

③　柔軟体操、ストレッチング、ランニング

試合前や練習前に行う柔軟体操、ストレッチング、軽いランニングなどの運動は、筋肉を伸ばしたり、縮めたりしながら血液の循環を良くしているわけです。特に体の先端の毛細血管まで十分に血液が流れるようになると、からだ全体が温かくなるはずです。特にストレッチングは、筋肉を引っ張って血液の流れを一時的にストップさせ、パッと力を抜くと、ドッと血液が流れ、筋肉が温かい感じになるはずです。そうなるようなストレッチングをすることが大切です。

緊張すると体は筋肉の緊張で毛細血管の流れが悪くなり、冷たくなるので、体を動かすことによって血液の流れをよくし、体を温かくすれば、筋肉をリラックスしたことになるのです。

したがって、寒い時は体を十分動かす必要があるし、暑い時は少なめでもよいことになります。経験的には、ひと汗かくぐらいが最も良いと思われます。

⑷ 額を涼しくする

体は温かい方が良いのですが、頭は反対に涼しいほうが良いのです。

緊張すると頭がボーッとなりますし、炎天下の試合では頭を氷で冷やさないといけないほど熱くなります。脳の温度が上がりボーッとなると、冷静な判断ができなくなります。よく言われる「あがり」は、交感神経の興奮により脳の温度が上がり、頭が「カッ、カッ」と温かくなっている状態です。

したがって、スポーツ選手は試合前、受験生は勉強をする時、そして、大事なパフォーマンス（演奏会、面接試験、入学・入社試験など）に臨む時は、頭（額）を涼しい状態にしておくことが大切ということになります。その方法はたくさんあります。いくつか紹介しますので、自分に合った方法を身につけてください。

① 自律訓練法の額涼感練習

自律訓練法の第6公式である「額が涼しい」を繰り返しつぶやきながら、涼しい感じを出す練習をします。リラックスした姿勢で目を閉じて、「気持ちが落ち着いている……額が涼しい……気持ちが落ち着いている……額が涼しい」を2〜3分繰り返しつぶやき、額が涼しい状態になるように練習をしてください。

② 顔や額の筋肉の緊張とリラックス

漸進的リラクセーション法で練習した、顔や額の筋肉を緊張させたりゆるめたりしてリラックス感を出せば、額は涼しい状態になっているはずです。顔や額の力を抜き、ボーッとした状態をつくる練習をしてください。

③ 脳波のバイオフィードバック

最近、脳波のアルファー波（α波）を出すトレーニング機器が開発されています。額にベルトをして前額にα波が出ると、音や色で本人に知らせてくれるように作られた機器です。α波が出るとリラックスしていると言われ、その時の頭の状態は涼しい状態になっているはずです。

④ 軽いランニングなどの運動

柔軟体操、ストレッチング、軽いランニングなどの運動は、筋肉のリラックスと同時に頭も涼しくしているはずです。ゲーム前の不安や緊張は、軽い運動をすることによって忘れられ、脳の興奮を抑えるためでもあります。また、ストレス解消のためにされているランニングなどの運動・スポーツも、身体を動かすことによる興奮の反動として、運動後にはスッキリとして、脳の興奮が抑えられていることになります。

⑤ 顔を洗ったり、頭から水をかぶる

興奮したら、顔を冷たい水で洗ったり、炎天下の試合では頭から水をかぶったり、氷で冷やしたりしているのは、外部から物理的なもので顔や頭を冷やし、脳の温度を下げているのです。つまり、頭を涼しくしているのです。

⑸ 「頭寒足熱」にする

日本の古い諺に「ずかんそくねつ」という言葉があります。これは、われわれ人間の快適な体の状態を表現している諺です。運動する時も勉強する時も、「頭寒足熱」の状態をつくって始めると良い結果が出ます。今まで述べてきた筋肉のリラックス法でリラックスした体の状態は、この「頭寒足熱」という諺で、

すべて表現されています。リラックスの原理は「頭寒足熱」ということができます。

「頭寒足熱」は、スポーツの時ばかりでなく、健康な体の状態でもあります。日常的には、風呂に入る（露天風呂は特に良い）、音楽を聴く・歌う、嗜好品（酒、タバコ、アルコール、コーヒー、お茶）を飲む、好きなことをする（趣味的活動）などは、ゆったりとした気分でリラックスしますので、「頭寒足熱」の状態になっているはずです。

すなわち「頭寒足熱」にすることが、日常生活でもリラックスした体の状態を表しているすばらしい諺ということができます。

今まで述べてきた筋肉のリラックスについて要約すると、次のようになります。

「目を閉じる→深呼吸をする→全身の力を抜く→手足を温かくする→額を涼しくする」。これを「3分間リラックス－2分間休憩－3分間リラックス－2分間休憩－3分間リラックス」くらいで繰り返すことによって、筋肉（体）のリラックスのトレーニングをしてください。ちょっとした時間にリラックスできるようになることが大切です。このリラックス法は、静的な状態の基本的な方法といえます。スポーツの激しい動きの中では、このような状態はできませんので、試合前とか試合の合い間など体を動かしていない時にこのような状態をつくれるようになることが、実践的なリラックス法を身につけることになります。

3 心（意識）のリラックス

前述した筋肉のリラックスは、すでに緊張した筋肉をリラックスする方法です。ここでは、筋肉が緊張しないように心（意識）の持ち方、心をリラックスするにはどうしたら良いかについて考えます。

⑴ 目標達成に集中する

試合では自分の目標をどのようにして達成するかを考えるということです。

試合が近づくと誰でも緊張し、不安な気持ちになります。そこで、その程度をやわらげることが大切です。練習の時は、「優勝するぞ！」とか「ベスト4になるぞ！」など、勝つことを目標にするのも良いと思います。しかし、試合前になると、そうした勝ち負けの目標ではなく、自分やチームのプレイに対する目標に集中することが大切です。例えば、「サービスの確率を上げる」「自分のペースを守る」「思い切りプレイする」「最後まであきらめない」など、技術、心理、体力面でそれぞれの目標をつくります。そして、その目標を達成する方法を考え、そのことに注意を向けるということです。

つまり、勝ち負けばかり考えていると緊張するので、目標達成の方法に意識を集中し、「こうするのだ」「こうすればよいのだ」と安心した気持ちで試合を待てば良いということです。

⑵ 実力発揮・ベストプレイに集中する

試合では勝ち負けも大事だが、自分の実力を発揮することは、もっと大切であると考えましょう。

試合前になって勝ち負けを心配していろいろ考えるよりも、自分の実力を発揮すれば、結果はどうであれ、それで良いのだと考えることです。「自分のベストプレイをすればよい」「自分の力を出し切ればよい」「出し切るぞ！」と考え、勝敗意識から生まれる不安感を忘れましょう。

当然のことながら、いくら頑張っても勝てない相手はいるものです。実力が違えば、どうしようもないことです。それよりも自分の実力を発揮し、ベストプレイをすることこそ重要と考えることです。

(3) 思い切りよく、楽しくプレイする

最終的には、今までの練習で身につけてきた自分のプレイを「思い切りやろう」と思うことです。そのためには、どのような方法をすれば良いか考えてください。勝ち負けという結果について、いろいろ心配するよりも、思い切りのよい、積極的・攻撃的なプレイをするにはどうしたらよいかを考えることが大切です。プレイ中の決断力、作戦の変更、そして、大事な時に思い切りよく、積極的・攻撃的なプレイをするように自分に言い聞かせるのが良いと思います。そして、試合前に不安やプレッシャーを感じるよりも、とにかく「楽しくやろう」「試合を楽しもう」「楽しくやれば良いのだ」と自分に言い聞かせることも、心をリラックスするための良い方法と思います。

以上のように試合前の心の緊張は、自分の気持ちの持ち方（認知の仕方）によって変わってきます。「自分の目標を達成するのだ」「自分のプレイをすれば良いのだ」「思い切りやろう」「楽しくやろう」と考えることによって、試合の勝敗意識から生まれる心の緊張をやわらげることができます。

4 試合場で、体と心をリラックスする

さて、今まで述べてきたことは、基本的な体と心のリラックス法です。しかも比較的、静的で、動きを伴わない方法でした。

しかし、試合場では動きが必要ですし、たえず状況は変化します。そうした中で、体をリラックスした

り、心をリラックスすることが必要になります。そのためには、プレイの直前、プレイとプレイの間、休憩時間、ベンチにいる時など、体と心をリラックスしなければなりません。つまり、「プレイをしていない時の過ごし方」が大切ということです。

例えば、「足を小きざみに動かす」「肩を上げ下げして、肩の力を抜く」「両手をブラブラして手の力を抜く」「プレイの前に深呼吸をする」「肩をグルグル回して肩の力を抜く」「ストレッチングをする」など、自分に合った体のリラックス法を行わなければなりません。緊張していると感じたら、リラックスする方法を行うことです。そのためには、緊張していることに「気づく」ことが重要になります。緊張していることに「気づかない」ようでは話になりません。少し緊張しているな、と感じたら自分用のリラックス法をすぐ行うことです。

一方、頭の方のリラックスも重要です。「あわてるな」「落ち着け」「自分のプレイをするのだ」「リラックス、リラッ

▲試合前や試合中にはリラックスが大切

クス」「思い切ってやるのだ」「楽しくやろう」「さあ、いくぞ！」などと自分に言い聞かせるのが良いと思います。これもプレイの前、プレイとプレイの間、プレイ中など、いつも自分に言い聞かせること（自己会話）が大切です。

最終的には、試合場で自分の最適なリラックス状態でプレイができるようになることが重要なわけです。それがなかなかできないので、過去の体験で、どのような体の状態の時に最も良いプレイができたか、どのような時にベスト記録が出たかなどから、自分のリラックス度を確認したり、イメージしたりして、自分に最も良い体の状態をつくることができるようにならなければいけません。

4 集中力の高め方

集中力はスポーツ選手にとって最も重要な能力です。最も重要でありながら、その内容がよくわかっていないのが現状です。最初に集中力という言葉の意味について述べ、それから、集中力の測定の仕方、集中力を妨害する要因、最後に集中力のトレーニングについて述べてみたいと思います。

1 集中力とは

まず集中力という言葉の意味について考えてみます。この言葉は心理学辞典を引いても出てきません。日常生活で使っているわりには、学問的な用語ではないようです。心理学では「注意」（Attention）という言葉が専門用語として使われています。この概念が集中力と非常に似ているということで、注意に関するいくつかの考え方について紹介します。

⑴ 情報処理からの考え

最初にあげるのは、情報処理からの視点です。いわゆる認知心理学でいう「注意」の概念です。図35にみられるように、私たちはある刺激を、視覚、聴覚、筋感覚、触覚、そして嗅覚などのいろいろな感覚を通して知覚します。刺激を感覚器を通して知覚として受け取り、その状態を判断します。その何かを感じて知覚する途中の過程で「注意」という概念が入ってきます。例えば、今、あなたはこの本を読んでいます。その途中に隣で何か大きな音がしたとします。しかし、その音に自分の注意が向かなければ、自分の知覚にはならず、その音がしたことにも気づかないことになります。すなわち、刺激があって、それを感覚として受け取り、そのことに自分の注意が向き、知覚が形成されて、初めて状況が判断されることになります。逆に言うと、あなたが音に気づかなかったとすると、本を読むことに注意が非常に集中していたことになります。したがって、「注意」とは、人が感覚によって見つけた刺激の意識を一定方向に導き、持続させる認知過程ということができます。

「注意」は次の三つの条件によって異なります。一つは「注意の選択」です。たく

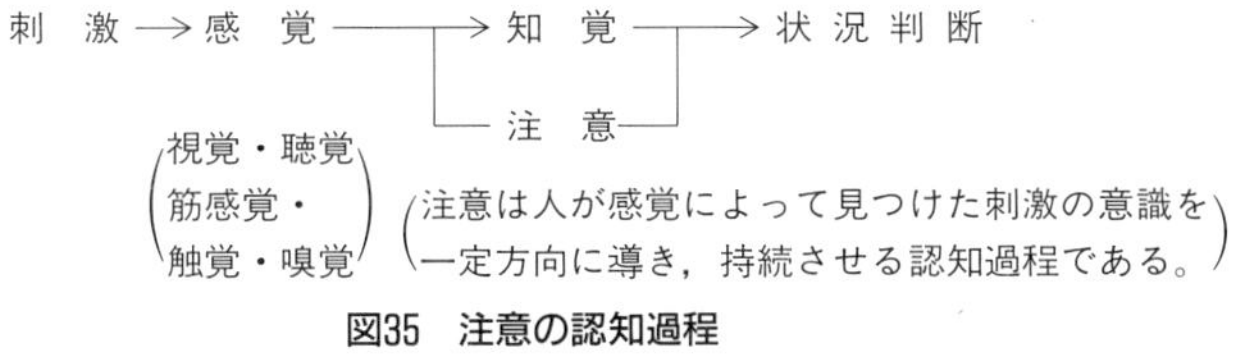

図35　注意の認知過程

さんの刺激が入ってきても、その人がもっている関心や心構えによって、知覚されるものと知覚されないものに分かれます。つまり、好きなことには注意が向くが、嫌いなことにはいっこうに注意が向かず、記憶するのも難しいことになります。また、注意の選択に際して意識的過程と無意識的過程の場合がありま す。次に、「注意の能力」です。注意を受け入れる能力には個人差があるということです。いろいろな情報を同時に受け入れられる人とそうでない人がいます。そして第3は、「注意の警戒」です。注意の幅や方向は感情や疲労によって異なります。ある刺激に対して準備態勢を整えておけば、その刺激に関してたくさんの注意を受け入れることができるようになります。注意力を高めるには、このような三つの条件を高めることが必要になります。

⑵ 社会心理学からの考え

2番目は社会心理学からの考えです。個人と集団の関係、個人と環境の関係といった社会心理学的な事柄との関係です。

① 注意を乱される

ここで最初に考えられるのは、環境的な刺激によってその人の「注意が乱される」という概念がありま す。課題に無関係なことに注意を向けることで、注意が乱されるのです。例えば、試合場の大観衆や試合に対する不安、悩みなどが、その人の注意を乱すことがあります。

② 無意識的に機能すること

次に考えられるのは、注意が無意識に機能することです。注意には意識的な注意と無意識的な注意があります。スポーツの場合は意識的に注意するよりも、無意識的に注意した方がいいということです。意識的にボールの打ち方を頭に入れ、プレイすれば動作がぎこちなくなります。しかも、実際の試合場面では考える暇がありませんので、無意識的にプレイができるようになっておくことが大切になります。

③ 注意にはスタイルがある

次に考えられるのは、注意のスタイルです。この中のひとつに方向と幅があります。方向には自分の体や感情に関して注意を払う内的な方向と、風や太陽などの環境に注意を払う外的な方向があります。注意の幅というのは、例えば、サービスをサービスコートのどこでもよいと考えるのではなく、相手のバックハンドに入れると考えれば、注意の幅が狭いと言うことができます。また、自分の注意がコート上だけでなくスタンドや観衆に向けば、注意の幅は広いということになります。野球やサッカーのように広いグラウンドでは狭い注意と広い注意が必要であり、それを適切に切り換えることが必要となります。ここで切り換えのタイミングが大切になります。図36（１１６ページ）は、アメリカのスポーツ心理学者であるナイデファー（Nideffer, R.）のモデルについて、注意の方向と幅を示したものです。

例えば、ゴルファーのパッティングは、外的で狭い集中が必要であることを示しています。

さらに、注意とストレスや苦痛との関係を知ることも必要でしょう。図37（１１６ページ）を見てもらうとわかります。試合場で発生するいろいろなストレスによって、注意の幅が変わってくるのです。注意の幅は妨害されることがあります。そこで、不適切な刺激は除外して、あなたのスポーツの課題に合った刺激だけに注意を向けることが必要だということです。この考えは、注意はいろいろな外的・内的条件に

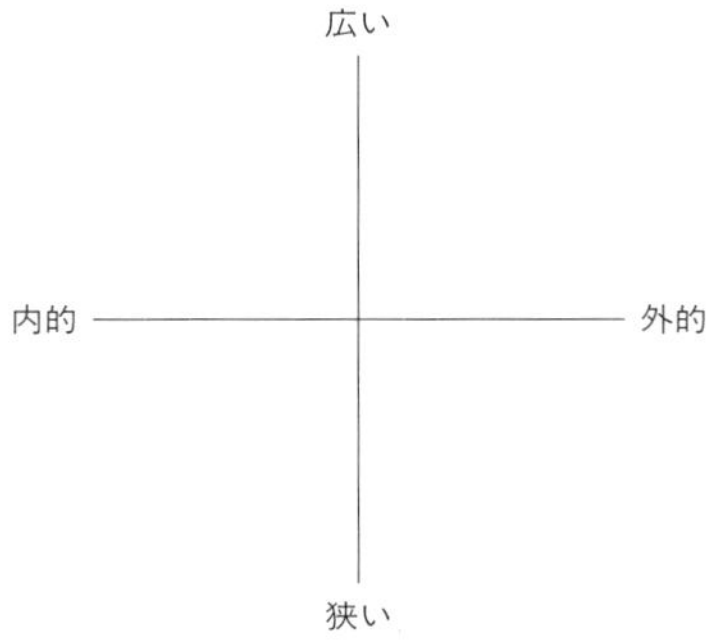

スポーツにおける注意の次元を理解するためのナイデファーの二次元モデル

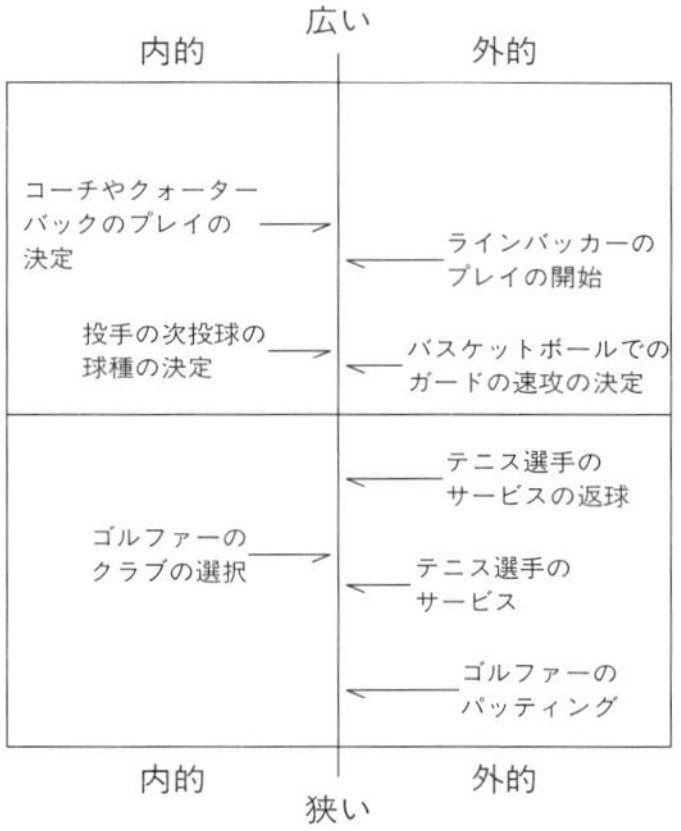

連続する内的・外的な注意集中を理解するために書きなおしたナイデファーのモデル

図36　注意のスタイル（R. ナイデファーによる）

猪俣監訳(1991)：メンタル・トレーニング，大修館書店

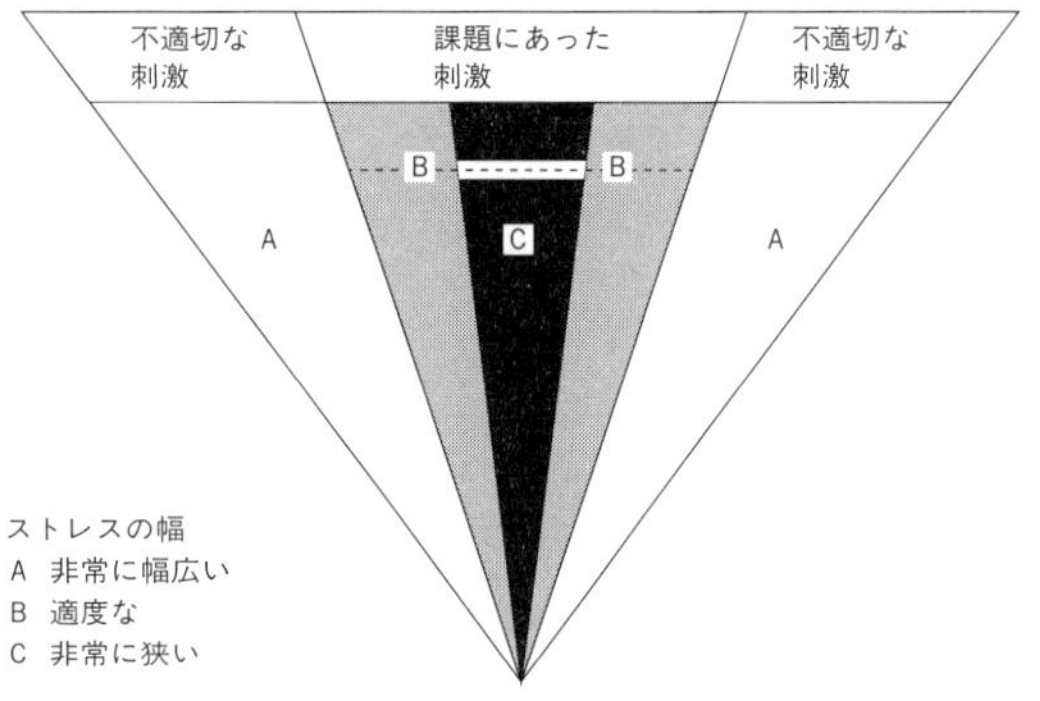

図37　ストレスの影響による注意の幅

猪俣監訳(1991)：前掲書

よって妨害されるので、適切な注意の方向と幅を選択して無意識的に注意が向けられるようになることが重要ということを意味しています。

⑶ 生理心理学からの考え

３番目は生理心理学からの考えです。人間が注意している時、生理心理学的には、体はどういう状態になっているかということです。集中してゲームをしている時の脳波がα波になっていることを報告した研究は、最近多くなっています。ただ、脳波の測り方が難しいので、結論には至っていません。

また、テニスのように動的なスポーツでは、心拍数が１分間に１３０拍くらいに上がっている時に、最も集中していると言われています。無我夢中で動き始めると集中（注意）できることは体験的にもわかっていることです。また、弓道のような静的スポーツでもある程度の心拍数の増加が的中率を高めるといわれています。そのほか、筋電図、体温、呼吸などの生理的指標を用いて注意の状態を分析しようとするのがこの分野です。注意の生理的指標が明確になれば、それを用いて注意力（集中力）のトレーニングができることになります。

最近、流行しているバイオフィードバック・トレーニングはこうした考えから生まれたものです。脳波や皮膚温などのバイオフィードバック機器を用いて集中力のトレーニングが行われています。

⑷ 総合的理論

以上のように、注意についてのさまざまな視点を見てきました。人間では以上の理論が同時に発生します。それらを総合したものが図38（１１８ページ）です。

注意に影響する条件として、内的（個人）あるいは外的な（環境）条件があります。その第1として自分の特性があります。これは本人がもっているパーソナリティー（性格）や能力です。第2は活動への欲求や目標です。そして第3は、環境的要因になります。ある刺激に対してこれらの3条件によって感覚が働いて覚醒（知覚）状態ができます。

この刺激に対する覚醒状態は、意識的であったり無意識的であったりして、ある状況を判断しようとします。刺激をその状況判断に導こうとしている過程を注意の段階といっているわけです。そして、注意を観察できる反応として、顔の状態、目の状態、自己報告、生体学的反応、動き、行動、考えたことを聞く、などがあります。

(5) 集中力の定義

これまで注意の概念について見てきましたが、ここで集中力に話をもどしたいと思います。図39のガルウェイ（Gallwey, W.T.）の意識の構図をみると、注意と集中力の関係がよく理解できます。われわれの意識は刺激に対して感覚器によって知覚することから始まります。それがある方向に向いて注意の状態ができます。注意がある課題や対象物に限定されて向けられるのが「精神集中」です。さらに、その精神集中が課題や対象物の一点

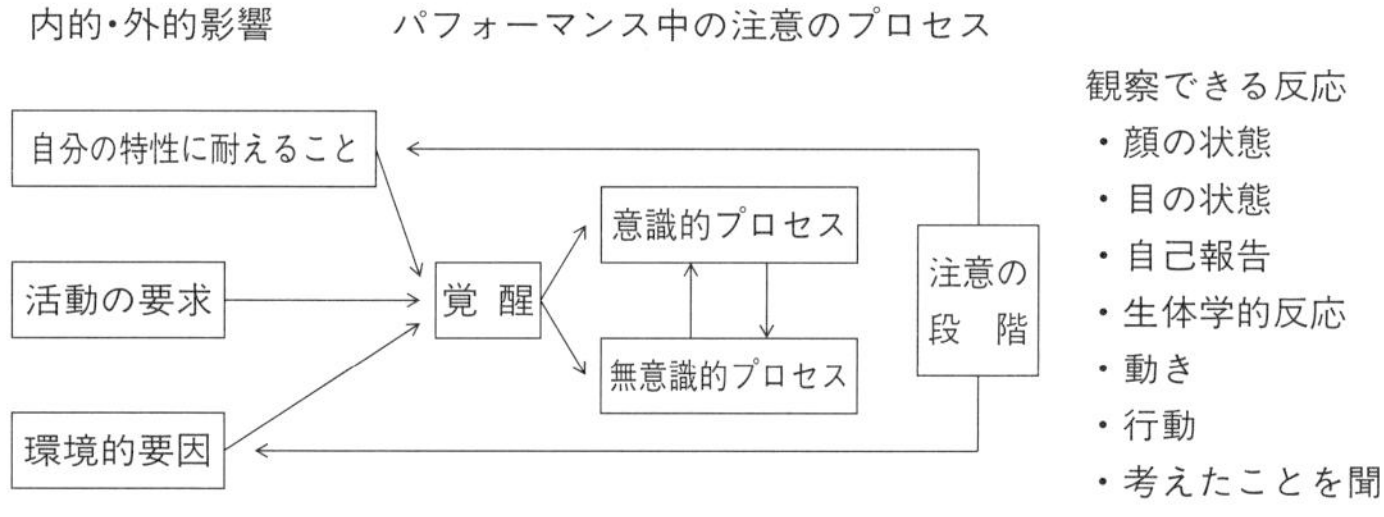

図38　内的・外的要因と注意のプロセスの相互作用

に向けられることを「一点への精神集中」というのです。

すなわち、集中力とは「狭い意味での注意、特定の刺激に対する注意の固定、そして選択された刺激に注意しつづけること」ということができます。これまで難しい言葉ばかりで、わかりにくかったと思います。簡単に表現すると、集中力は「自分の注意をある課題や対象物に集める能力」と「それを持続する能力」と定義できると思います。

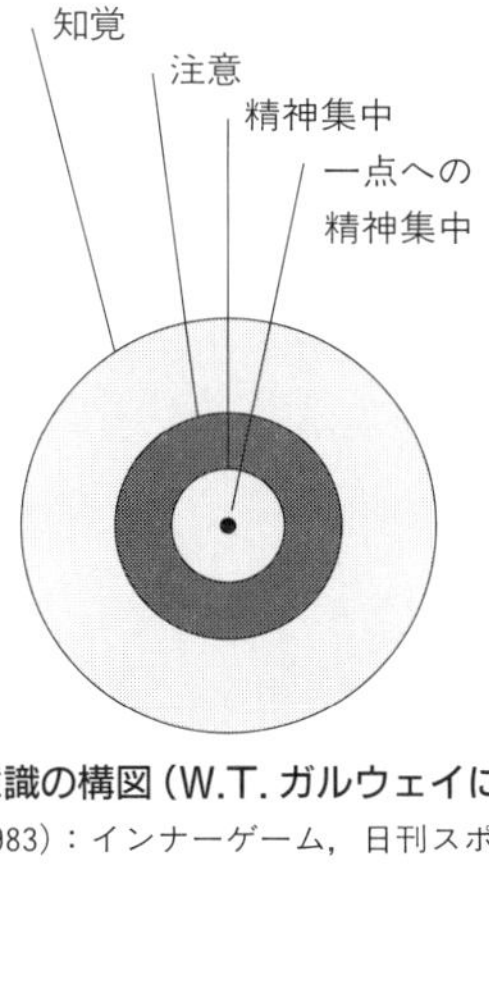

図39　意識の構図（W.T.ガルウェイによる）
後藤訳（1983）：インナーゲーム，日刊スポーツ出版社

2 集中力を乱す要因

これまで、集中するという意味を考えてきました。今度は、集中力を乱す要因について考えてみましょう。内的要因、外的要因、そして外的・内的要因の3つに分けることができます。

(1) 自分の心が集中力を乱す——内的要因——

内的要因は、自分の感情に関するものです。心配、不安、悩み、ストレス、プレッシャー、あがり、勝敗感情などの言葉に代表される、自分についての消極的な感情や勝ち負けについての意識です。ミスショットという失敗後の感情やミスジャッジへの不満も含まれます。こういった自分の心（内的要因）に集中力を乱す原因が潜んでいます。

(2) 周りの環境が集中力を乱す――外的要因――

外的要因は、風やコートの表面、太陽の光線、ボール、ラケット、バット、グラウンド、上空を飛んでいる飛行機や鳥、顔の周りを飛びまわる蚊やハエ、あるいは暑さや寒さの天候、観衆などの環境的要因です。こうした外的要因が集中力を乱すことになります。

(3) 環境に対する自分の心が集中力を乱す――外的・内的要因――

外的・内的要因というのは、外的要因ではあるけれど、それがその人の集中を乱す内的要因に変わるということです。例えば、対戦相手のスポーツマンらしくない言動や行動、観衆のやじや嘲笑、自分のミスショットへの拍手などの外的要因に対して、自分が怒るとします。そうすると、怒るという感情（内的要因）が生じることによって、これまでの集中力が乱されるということです。

以上、集中力の定義や集中力を乱す要因について述べてきました。次に重要なことは、これらの理論から集中力のトレーニング方法を考えなければなりません。集中力のトレーニングにはどんなものがあるかを紹介しましょう。これも自分に最も合った方法を身につけることが大切です。

3 集中力のトレーニング

集中力のトレーニングは3つに分けることができます。第1は、課題に集中するトレーニングです。第2は、外的・内的要因に集中を乱されないためのトレーニングです。そして第3は、集中を持続するためのトレーニングです。

⑴ 集中力を高める基礎的練習

集中力を高めるためには、まず、対象物や課題に注意を集めるトレーニングが必要です。これは１カ所に注意を集中させるトレーニングですから、部屋の中でする基礎的な練習になります。

① 注意の固定

最初は黙想をしてください。目を閉じてリラックスした姿勢で椅子に座り、２～３分間、黙想します。心を落ち着け、ゆったりした気持ちで、意識（注意）が１か所に集中できるようにしてください。最初は意識があちこちに飛んだり、いろいろなことが頭に浮かんできます。それはそれとして、黙想を続けてください。自分の吐く息に注意を集中したり、何か一つのことに注意を固定できるようにします。要は意識があちこちに飛ばず、ピタッと一つのことに集中できるようになることです。このことが無の境地に発展するのです。

② 対象物への注意の固定

次は、対象物に注意を集めるトレーニングです。ボールとか標的など小さな対象物を準備して、その物に注意を向ける練習をします。最初は目を開けて、対象物に30秒間から１分間くらいの間、注意を向けます。ボールを見た時に他の意識が入ってきたり、周りの騒音が気になったりしないように練習します。１回の練習で、休憩（１分間くらい）を入れて３回くらいボールを見る練習を繰り返し行ってください。そして、今度は目を閉じて、イメージの中でボールや標的を描いてみてください。目を閉じても１分間ぐらいはイメージが消えないように練習してください。

③ 視線の固定

第3は、視線を固定させるトレーニングです。一点集中のトレーニングと言ってもいいでしょう。試合中に視線がキョロキョロと動く選手は良くありません。観客席や他の場所に視線が向くと、その刺激から良くない感情が生まれ、集中力が乱されてしまうからです。遠方の何かの対象物に視線を向け、それに意識を集中します。目のひとみが動いたり、まばたきをしないようにして一点に集中します。1分ぐらいから始め、5分ぐらいまで延ばしてください。

ロサンゼルス・オリンピックの射撃で金メダリストの蒲池猛夫選手は、部屋の中を暗やみにして「ろうそく」の炎を凝視したそうです。ところが「ろうそく」の炎は隙間風でゆらぐので、今度は線香の火にかえ、さらに集中力をトレーニングしたそうです。そのうち、射撃の標的の中心が線香の火のように赤く見え始め、得点が飛躍的に高まったと話されていました。

④ バイオフィードバックによる集中力のトレーニング

最後にあげるのは、バイオフィードバック・トレーニングです。これはリラックスのトレーニングで述べたように、脳波や皮膚温、呼吸、心拍数などを音や色に変え、それを手がりにして集中力をトレーニングしていく方法です。

脳波については表14に示してあるように、α波の時に集中していると言われていますので、脳波のバイオフィードバック機器を使ってα波を出すトレーニングをします。全身をリラックスして何かに集中した時に、α波の出現を示す反応（音、光、時間）が出るので、トレーニングがしやすい特徴があります。逆に機器が高価なのが難点です。いずれのバイオフィードバック機器もその音や自分の感覚に注意を集中するので、リラックスのトレーニングと同時に集中力のトレーニングにもなるのです。著者らは比較的安い皮膚温のバイオフィードバック機器を用いて、リラックスと集中力のトレーニングを同時に行っています。

(2) 集中力を乱されない実践練習

次に内的刺激や外的刺激に集中力を乱されないトレーニングについて考えてみましょう。これは実践的な練習です。

① 「きっかけ」になる言葉

まず、不安や緊張などの刺激に集中力を乱されないための練習として、集中力を高める「きっかけ」になる言葉をつぶやく練習です。自分で、「リラックス」「自分のプレイ」「集中」「ボールを見る」とか、「心を落ち着けて」「相手の目を見て」などの短い言葉を、何回も繰り返しつぶやき、

表14　脳波と心身の状態の関係

20	β（ベータ）	外的意識	●視覚・味覚 ●聴覚・時間 ●嗅覚・空間 ●触覚	心配事，複雑な計算 仕事に立ち向かっているとき ―外界と対応して緊張している状態
14	α（アルファ）	内的意識	●思考・ヒラメキ ●集中・カン ●瞑想	何かに没頭しているとき，瞑想にはいっているとき―心身ともに調和のとれた状態
8	θ（シータ）		●まどろみ ●浅い睡眠	眠りの意識のあいだを行きつもどりつしている状態
4	δ（デルタ）		無意識・深い睡眠	完全に眠ってしまった状態

志賀（1987）：集中力を高めるアルファ脳波術，ごま書房

集中力を高めます。これはキュウ・ワード（Cue word）と言われるものです。

また、失敗を成功にかえるポジティブ・シンキング（積極的思考）をもつことが大切です。失敗して下を向いて「どうしよう」とか「ダメダ！」などのマイナス感情ではなく、「惜しい」「今度こそ」「思い切って」「いくぞ！」などのプラス感情のきっかけになる言葉をつぶやき、集中力を高めていきましょう。

② プレイのパターン化

さらに、注意を高める行動パターンをつくる（セレモニー化とかルーティン化ともいう）のもよいでしょう。これは、動きをかえて不安な気持ちをなくそうというものです。自分のプレイをパターン化しておくのです。例えば「足を動かして↓肩の力を抜いて↓素振りをして↓プレイ」というように、動きそのものに集中して集中力を高めるのです。いきなりプレイするのではなく、その前に自分用の動きをパターン化することによって少しずつ集中力を高めていくのです。

③ 最悪のシナリオでの練習

次に、環境的条件である外的刺激に集中力を乱されないための練習を考えてみましょう。まず、最悪のシナリオでの練習です。風の強い時、雨の時、とても暑い時など、最悪の条件で練習しておくことです。あるいは、騒音の中で練習しておくのもいいでしょう。試合場のものすごい声援を録音しておいて、それを練習の時に流して、声援に慣れる練習をします。また、雨にぬれたボールでの練習も考えられます。集中力を乱されそうな最悪の条件を設定して、どんな条件の時でも集中力が乱されないように練習しておくことです。

④　プレッシャーをかけての練習

相手の撹乱戦法に対して、ポーカーフェイス（無表情）を装う練習もあります。また、テニス試合のサービスを打つ瞬間に、相手が自分の集中を乱すような動きをわざとするとか、ストロークのラリーでも、ネットに前衛を立たせてプレッシャーをかけて練習をすると、狭い集中力を高めることができます。

また、広い集中力を乱されない練習も重要です。サッカーやラグビーなどでは、相手の動きをしっかり把握しておかなければなりません。そこで、相手の動きに対応できるためにフォーメーションの練習をしたり、仮想の相手を立たせプレッシャーをかけて、よりゲームに近い場面を設定して、集中力を乱されない練習をしておく必要があります。

(3)　集中力を持続する練習

最後に考えたいのは、集中力を持続する実践的な練習です。

①　注意の切り換え

まず、注意の切り換えです。理論的には「内的集中↕外的集中」「狭い集中↕広い集中」と適宜に切り換える必要があります。実践的には、試合のどこで注意を切り換えるか、前半なのか後半なのか。試合の流れを把握し、負け始めたり、リードされ始めた時の切り換えのタイミングをはかる判断力・決断力を、日ごろから養う必要があります。

②　集中をそらす

また、集中をそらす練習も必要です。これは疲労を感じた時や苦しい時に、注意を苦しいものに向けるのではなく、逆に楽しいものに向ける練習です。持久的スポーツでは、苦しい時に楽しいことを思い出したり、歌を口ずさんだりして、苦しいということから気持ちをそらす能力（Distraction, 注意転換）も必要になります。苦しさから注意をそらすことにより、苦しさの閾値《いきち》（限界）を高めることになります。

③ 体力や技術を向上させながら、集中力を養う

集中力を持続する練習として、最後にあげるのは、体力と技術のレベルを高めることです。これは当然のことです。ハードな体力トレーニングや技術練習を通して、集中力を持続する練習が必要になります。持久力がなく疲れてくると、集中力は続かなくなります。また、あまりに技術差があれば、集中力の持続を発揮する場もなくなります。

4 試合中の集中力を高める練習

(1) 集中した動きづくり

試合中に集中している状態（写真）は、誰が見ても集中していると思われる動きをイメージすると良いでしょう。例えば、次のような動きがあげられます。

- 大事なところで好ショットが打てる
- やさしい場面で失敗するようなことはない（イージーミスをしない）
- 最後までボールを追っている
- 重要なポイントやゲームは確実に取る

・ボールや標的などの対象物や課題だけを見ようとしている
・苦痛、疲労、不快なことを気にしていない
・相手の動きを読んでいる
・感情的になっていない
・最後まであきらめていない

　こうした動きの総称を「集中している」とか、「集中力」と言っているのです。これはそう簡単に身につくものではありません。このような動きは気持ちの表れであります。したがって、試合全体の中で集中した動きができるように、日ごろの練習の中で集中した動きづくりのトレーニングをしておく必要があります。

▲試合では集中して、思い切ってプレイできることが大切

　逆に、「集中力が切れた」とよく言います。それは集中した動きができなくなった状態のことを言います。例えば、次のような時に集中力が切れたり、妨害されます。

・体力的についていけなくなる時

・勝敗がはっきりし始めた時
・技術差が歴然としている時
・暑さ、寒さや風雨、太陽の光線などの天候、不運や失敗の連続、審判や観衆に対して不満な時

試合場には集中力を妨害する条件がたくさん溢れています。

人間の動きは、心の状態の表れです。集中力はこれらの妨害する条件に対して「仕方がない」「もう、だめ」「もう、ここまで」という〝あきらめ〟の気持ちになると、プッツンと切れることになります。ですから、いかなる条件に対しても否定的にならないような〝気持ちづくり〟が重要になるわけです。

そのための方法として、目標が明確であることが大切でしょう。どんな条件の時でも、例えば「1ゲーム（点）は取る！」とか「第1サービスの確率を上げる」などといった自分の目標を達成するための試合の仕方をすると、集中力を最後まで持続することができるでしょう。

▲雨で集中が乱される

以上のように、動きは気持ちの表れであるので、その人の集中力は動きでチェックできます。誰がみても集中しているような動きができるようになれば、あなたの集中力は向上したことになります。

⑵ プレイにおける集中

2つめの集中力は、ひとつひとつのプレイに対する集中力の高め方についてです。集中力の基本は「自分の注意をある課題や対象物（ボール）に集め、それを持続すること」であることは、前に述べたとおりです。

そのためには、動きをパターン化しておくことです。相撲の〝しきり〟のように、ある動きを順々にしていくことによって集中力を高めていくのです。最近はセレモニー化（儀式化）やルーティン化（いつもの手順）などと難しい言葉を使っています。例えばレシーブの場合は、図40のように「素振りをして→足を動かして→手や肩をリラックスさせて→どこへ打つとイメージして→集中して→サァ、行くぞ！」というような順序でレシーブ体勢をつくると良いと

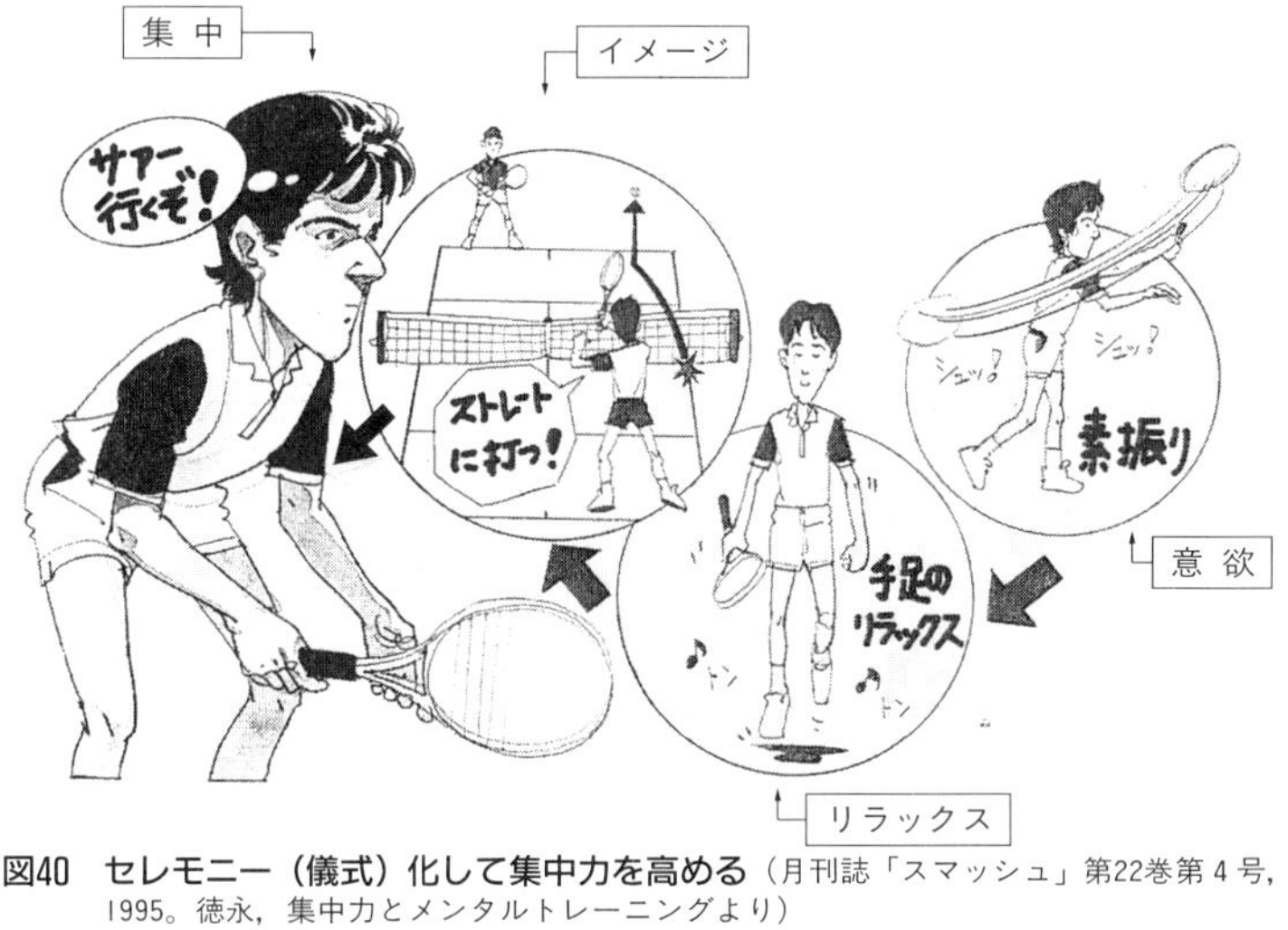

図40　セレモニー（儀式）化して集中力を高める（月刊誌「スマッシュ」第22巻第4号，1995。徳永，集中力とメンタルトレーニングより）

思います。

プレイを再開する時は、自分のパターンによって集中した状態ができていないと、良いプレイはできません。足を動かしたり、肩を回したり、素振りをしたりしているのはそのためです。次のプレイへの準備状態が常に優れた状態でできるようになると、あなたのプレイは一段階、上達することになるでしょう。

試合中の集中力についてまとめると、表15のようになります。

一流選手とは、一点に集中することに優れ、集中力を乱されることなく、集中力が持続できる選手ということができます。それは、長年の経験に裏打ちされて、いろいろな条件に応じた対策をもっているからです。これがキャリアということなのでしょう。こういったことを考えると、スポーツ選手は技術的練習ばかりでなく、集中力のトレーニングも常に頭において練習を行うべきだと思います。こういう心理的競技能力はトレーニングして初めて伸びるのであり、心理的競技能力が伸びれば、その選手の実力発揮度も飛躍的に伸びていくのだと思います。

以上のように、集中力はトレーニングすれば向上します。トレーニング法は資料1（199ページ）のイメージトレーニングを参考にしてください。

表15　試合における集中の状態，集中が切れる状態および対策

集中している状態	①いい時にショットが決まる ②イージーミスがない ③最後までボールを見ている ④重要なポイントやゲームは確実にとる ⑤ボールだけ追っている ⑥苦痛，疲労，不快なことを気にしていない ⑦相手の動きを読んでいる ⑧感情的になっていない ⑨最後まであきらめていない　　など
集中が切れる状態	①体力的についていけなくなった時 ②勝敗がはっきりし始めた時 ③技術差が歴然としている時 ④暑さ，寒さや風雨，太陽の光線などの天候，不運や失敗の連続，審判や観衆に対する不満　　など
集中力を高める対策	①目標を明確にし，これを達成するための試合をすれば，おのずと集中できる ●1ゲーム（1点）は取る！ ●第1サービスの確率を上げる ●フォアのクロスを打つ ●最後まであきらめないなど ②「きっかけ」になる言葉 ③プレイのパターン化 ④最悪のシナリオでの練習 ⑤プレッシャーをかけての練習 ⑥注意の切り換え，集中をそらす ⑦集中した動きづくり　　など

5　イメージによる課題のトレーニング

1　イメージとは

イメージ(Image)は心像《しんぞう》といわれ、頭の中にある像を視覚的に見ることができるだけでなく、その時の音（聴覚）、動きの感じ（筋運動感覚）、肌ざわり（触覚）、気持ち（感情）、味（味覚）なども同時に感じることができます。しかも、こうしたイメージを鮮明に浮かべると、実際に行動した時と同じように生体が反応し、刺激が大脳から筋肉に伝えられることがわかっています。

こうした原理を利用して、うまくできない技術をうまくできたようにイメージを描いたり、今は経験できない数日後の試合をあたかも当日のことのようにイメージを描いて、リハーサル（予行練習）をします。イメージを鮮明に描くことによって、生体にそのことを前もって慣れさせ、技術の練習効果を上げたり、作戦や気持ちづくりをして、自分の実力を発揮できるようにします。これがスポーツにおけるイメージトレーニングです。

図41は、4つのテニス場面(一人で練習している姿、ある大会で活躍している姿など)を設定し、イメージがどれくらい鮮明に現れたかを5段階(「非常にはっきりしたイメージ」から「イメージは何も現れない」)で答えてもらい、それを得点化したものです。上級者（九州学生テニス選手権本戦出場者）は、視覚、聴

覚、筋感覚、感情とも得点が高く、イメージがよく描けたことを意味しています。逆に初心者（テニスを始めて1年以内のテニス部員）は、得点がどの感覚でも低いことがわかります。これらの結果からテニスの上手な人ほどイメージ能力が高いということができます。

　また、イメージの利用度についても調べてみました。テニスの練習や試合場面で、イメージが利用できると思われる13の場面について質問しました。利用頻度の高い回答に5点を与え、以下を4、3、2、1点として、技術のレベル別に平均値を求めました。

　結果は図42のとおりです。全体的には技術練習や作戦練習のための利用度が多く、その他の心理的競技能力のための利用度は少ないようです。技能別にみると、上級者ほど技術練習を除いて、試合前の作戦、試合中の作戦変更、試合後の反省、試合でファイトを出すこと、目標設定と意欲（やる気）の向上、試合前の不安や緊張の解消、試合中の不満・怒りの抑制、人間関係の向上、集中力の向上、苦境に耐えること、

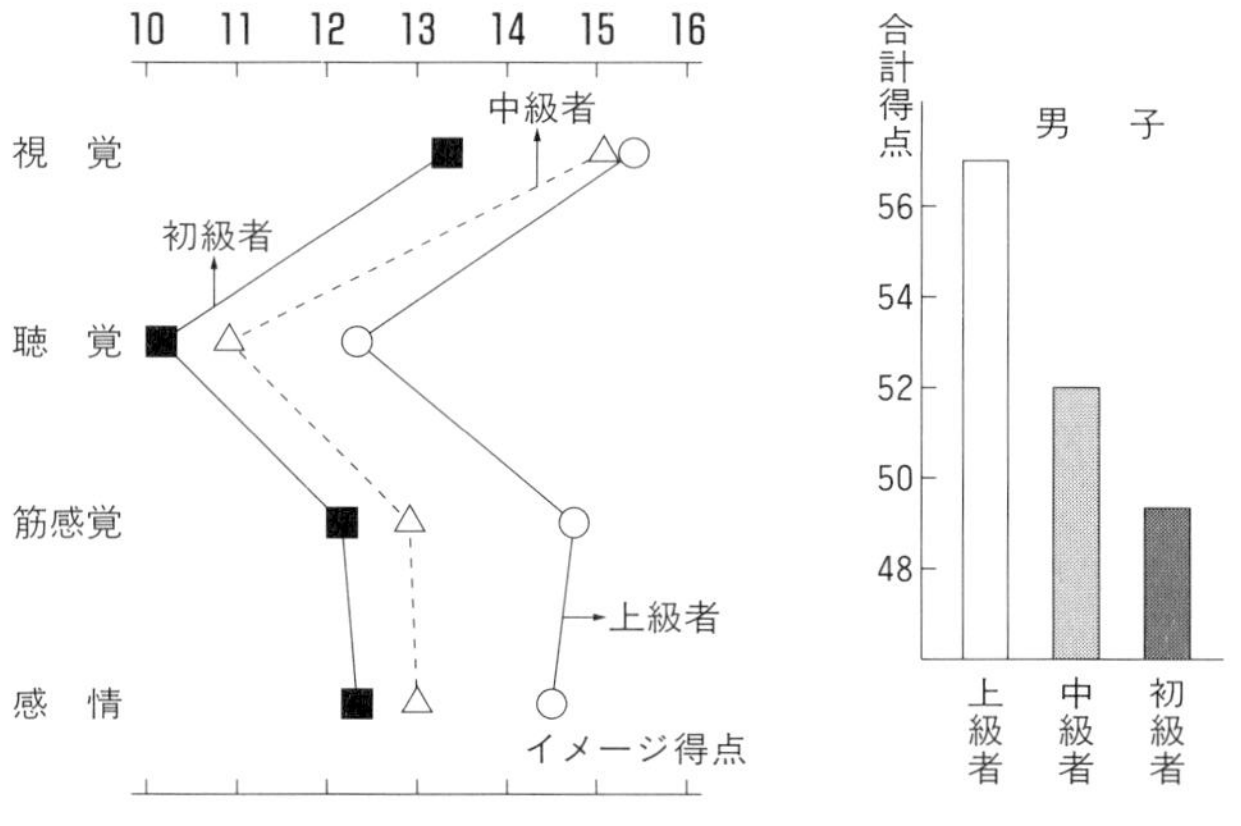

図41　大学テニス選手の技能別にみたイメージ能力

などにイメージを利用している傾向がみられました。これらの場面では上級者の次に、中級者の利用度が多く、初級者は最も少ないことがわかります。ただ、通常の技術練習、新しい技術練習、欠点をなおす練習などの技術練習場面では、初級者の利用度が最も高く、中級者は最も低いという興味ある結果が得られました。これらの結果から技術練習以外についても、上級者はいろいろなことにイメージを利用しているということがわかりました。

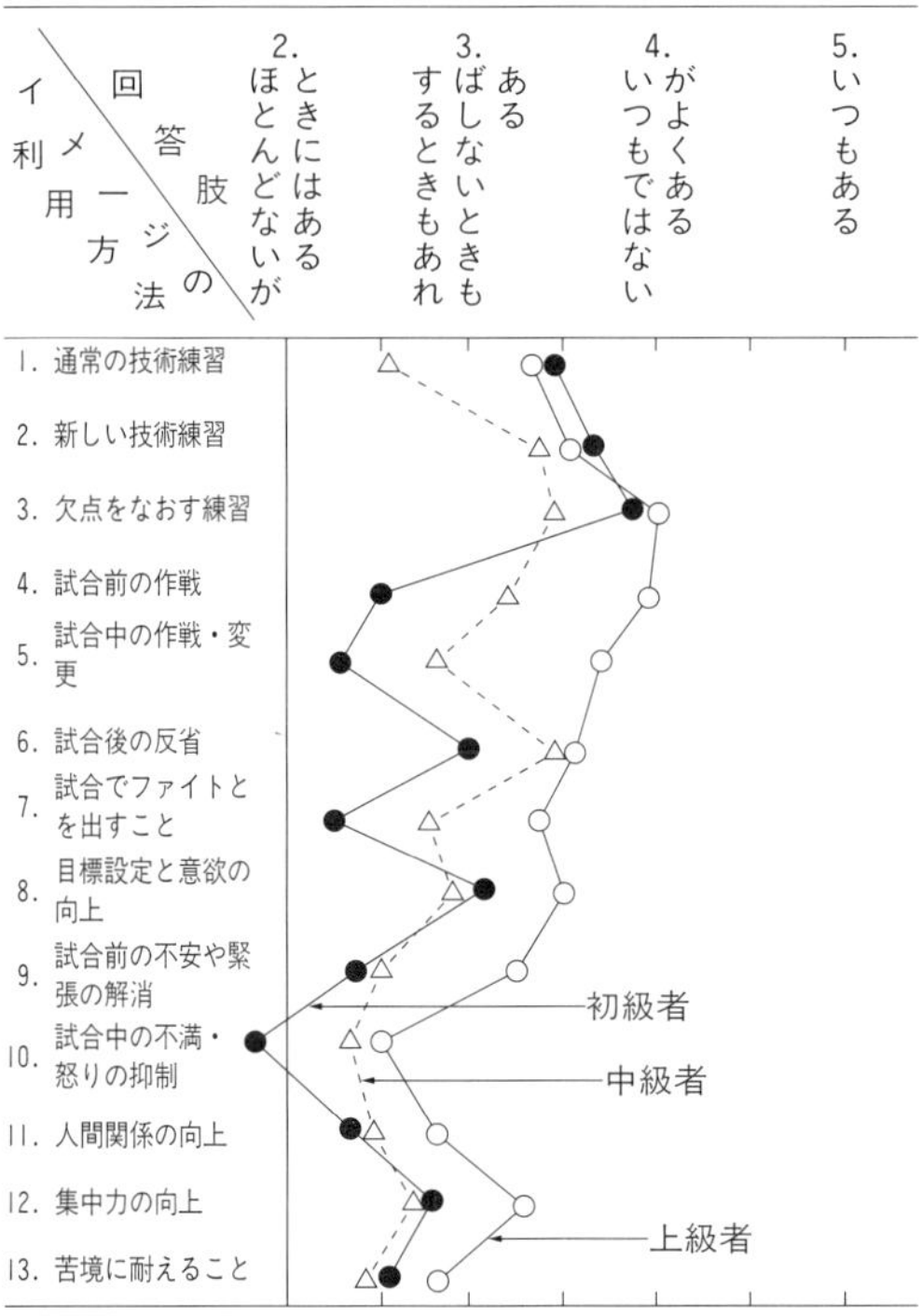

図42　テニスの練習や試合場面でのイメージの利用度（男子大学生）

（注）　初級者は1年以内，中級者は2年以上の経験者，上級者は57年度夏季または58年度春季九州学生選手権の本戦（64人）への出場者

2　イメージの基礎練習

人間には右脳と左脳があります。イメージや運動、音楽、絵画などの創造的活動は右脳が優位に働くと

いわれています。そして、左脳は計算などの知的活動の時に優位に働きます。右脳が優位に働くためには、左脳の働きを少なくするために、リラックスした状態で集中できる能力が必要になります。したがって、リラックスや集中力のトレーニングは、イメージトレーニングをする前にしておくことが必要です。

それでは、イメージトレーニングを始めるにあたり、基礎的な練習をしておきましょう。

イメージの描き方は次のようにしてください。

・静かな部屋で、椅子に座ってリラックスします。
・リラックスして集中できる状態をつくります。
・最初は、目を閉じて→1〜2分間イメージ→1〜2分休憩→1〜2分間イメージ→1〜2分休憩→1〜2分間イメージ（合計10分くらい）。
・慣れたら、2〜3分間イメージし、休憩を入れ、それを3回くらい行ってください（合計20〜30分くらい）。
・練習の前後、通勤・通学の途中、自宅の風呂の中、机の前、床の中などでイメージしてください。

イメージは鮮明に描き、いろいろな場合が描けるようにしてください。

それでは、やさしいイメージから練習してみましょう。

⑴ 好きな色や好きな風景のイメージ

最初にイメージの基礎練習として、やさしいイメージを浮かべる練習をします。その方法として自分の好きな色や好きな風景を描く練習をします。例えば、みかんのオレンジ色、澄みきった青空、地平線に沈む真っ赤な太陽の色、あるいは子供のころに遊んだ風景、自分が体験した最も雄大な風景などです。

図43のように、思い浮かべたイメージを絵に描くと効果が上がります。これにカラー（色）をつけるとイメージが鮮やかになります。

⑵ スポーツの用具や競技場のイメージ

次に、自分が行うスポーツに関係する用具として、ユニフォーム、シューズ、帽子、そして競技場のトラック、フィールド、コース、スタンドなどの静的な風景を描く練習をします。図44・45は、テニスのボールとコートを、イメージカードとして作ったものです。イメージを描く前にこのカードを見て確認して始めるのです。イメージの残像が1分くらいは残る程度に練習してください。こうしたイメージカードは集中力を養うためにも使えますので便利です。

⑶「見ている」イメージ

自分がプレイしているのを、もう一人の自分が見ているイメージを描きます。これを外的イメージと言

淡いピンクが好きなのですが，きれいにそのままの色が浮かんできました。また風景も鮮やかに浮かんできて，小鳥のさえずり，小川のせせらぎ，さわやかな風，花のいい香りまで感じとれました。

図43　好きな風景とイメージ後の感想

います。例えば、陸上競技や水泳などで、自分が走っていたり、泳いでいたりする姿を、もう一人の自分がスタンドから見ているような場面です。

⑷「している」イメージ

今度は、自分が実際にしている姿を描きます。外的イメージに対し、内的イメージといいます。その時の呼吸のリズム、筋肉の動き、音、リズム感などを感じながら、実際にプレイしているように描いてくだ

図44　イメージカード　(1)

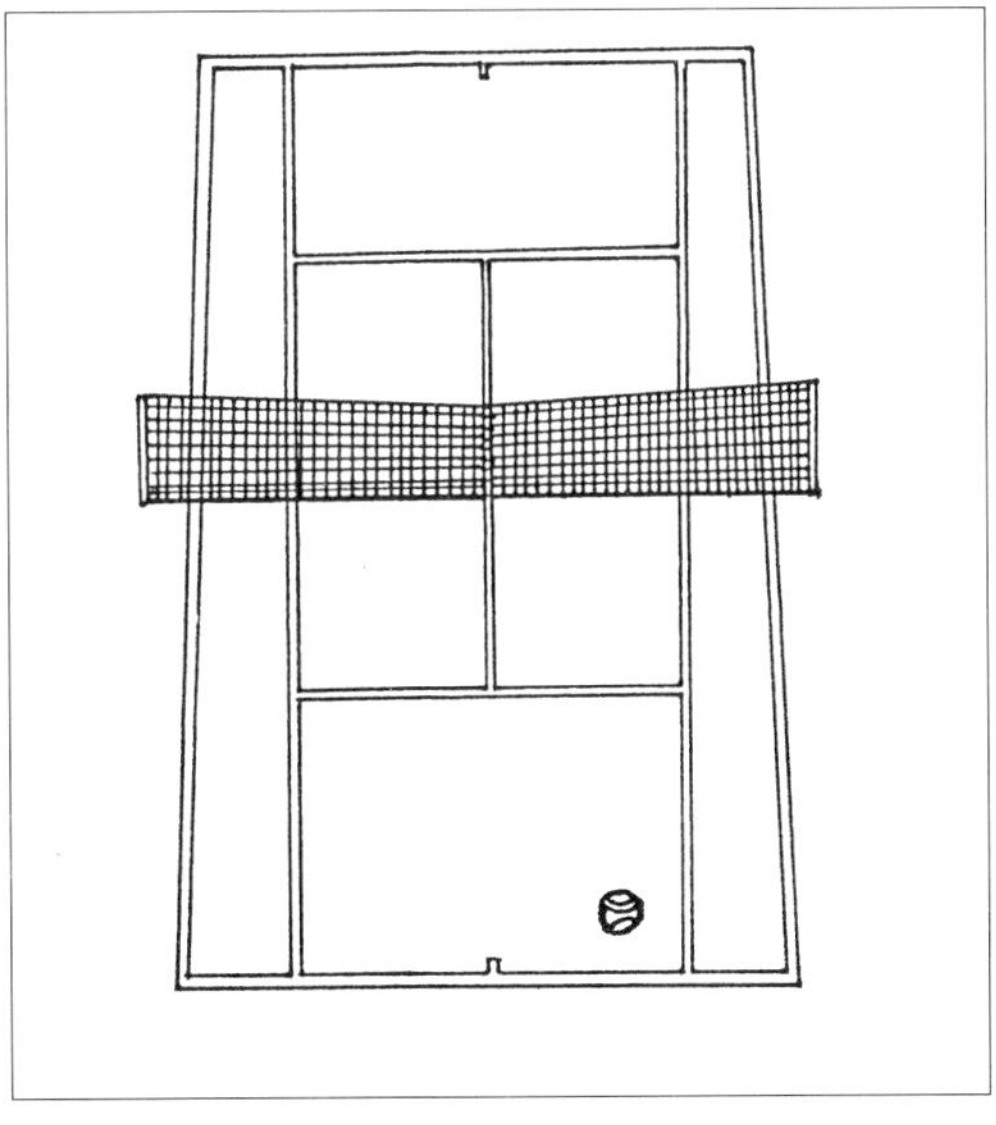

図45　イメージカード　(2)

さい。図46は、普通の大学生にピーク・パフォーマンス（最高のプレイ）を絵に描き、それをイメージして、実際に練習し、練習後の感想を書いてもらったものです。いつもよりうまくできたと書いています。

⑸ ベストプレイのイメージ

過去の体験の中から、最もすばらしいプレイや動きをした場面をイメージに描きます。最も調子が良かった時、優勝した時、あるいは逆転勝ちした時などの試合を思い出します。そして、その時の、周囲の状況、観衆などの場面を描いてください。次にその時、どういうプレイをしたか、その時の動き、フォーム、攻撃パターン、フォーメーション、気持ちなどを詳しくイメージに描きます。

次のようなトレーニング例があります。

- 大きく深呼吸をして、リラックスしてください（30秒）。
- これまでに最も調子が良かった時のことを思い出してみましょう。その時の陸上競技場のコースやスタンドを思い出してください（1分）。
- その時、あなたはどんな走り方をしましたか。体の動き、その時のすばらしい動きを再現してみてください（1分）。
- その時、どんな気持ちで走ったかを思い出してください。その時と同じ気持ちになってください（1分）。
- あなたは優勝しました。他の選手に握手され、嬉しさでいっぱいです。スタンドに手を振っています。最高に嬉しい気持ちを感じてください（1分）。

僕はよく学校の近くのバッティングセンターに行きます．そこで，打ち始める前に，バッティングフォームと打った後の球の軌道をイメージしました．フォームは，時々家で鏡を見ながらやっているので，それを思い出しました．その後実際に数回イメージ通りの素振りを行い，最後に肩の力が抜け，リラックスできているか確かめてから始めました．すると，いつもよりバットの出がよく，すっと振り切れました．力を抜いているのに打球がいつもより速く，ほとんどがセンター方向に飛んでいきました．パフォーマンスを行う前，きちんとした形を思い浮かべることは，大切なことだと思いました．

図46　ピーク・パフォーマンスの絵とイメージ練習後の感想

▲ベストプレイをイメージする

図46と同じですが、自分の最高のプレイを絵にするとフォームがはっきりします。図47に大学生に描いてもらった絵を紹介しましょう。あなたのベストプレイを図48に描いてください。

3 作戦イメージ（個人用）

試合のための作戦をイメージします。次のような順序で行います。

(1) 技術・体力・心理的作戦をメモに書く

イメージを描く前に、イメージの内容を確認するために、その内容をメモに書いてください。

① 技術について

あなたがしているスポーツについて、今度の試合の技術的作戦をメモに書きます。どういう技、フォーム、パターン、ペース、動きをするかについてメモに書いてください。例えば……

- フォアハンドのクロスのボールを思い切って打つ。
- サービスは相手のバックハンドに必ず入れる。時々、フォアハンドにも打つ。
- 相手のネットプレイに対しては、フォアハンドはクロスのパッシングを打ち、バックハンドはロビングを上げる。

② 体力について

体力的作戦をメモに書きます。例えば……

- 試合前に十分ウォーミングアップをして、体を温めておく。

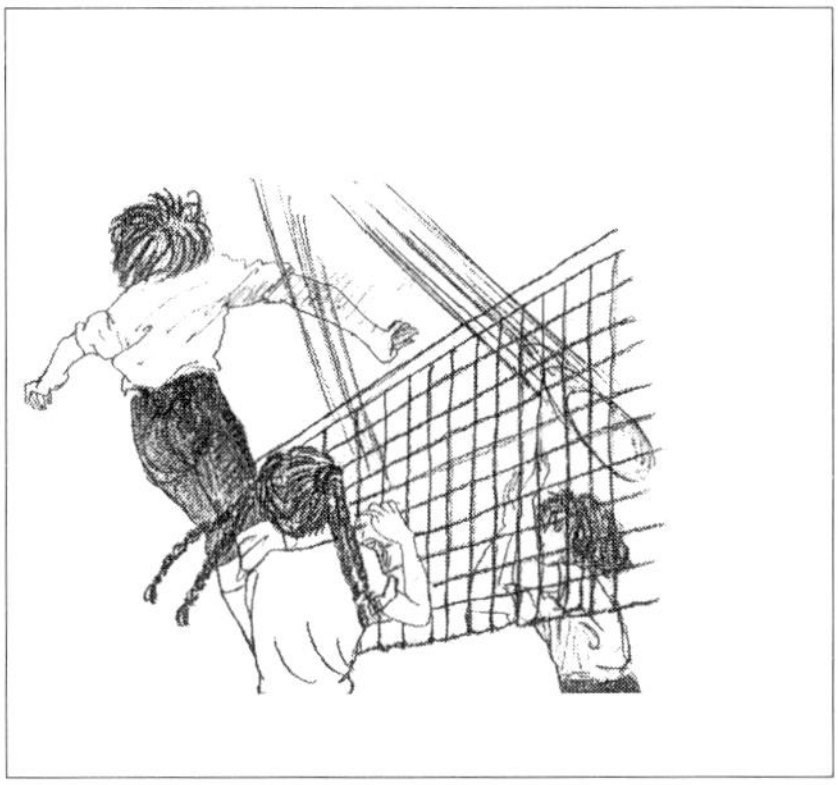

私は，中3の終わりに故障するまで，バレーボールをやっていました．スパイカーで，スパイクの練習の時は，いつも必ず打つ前に，ひととおり，助走から打ちおわってしまうまで，腕の振りとか，左手を上げることとか，ボールをミートする位置とか，打つコースとか，細かいフォーム等々，全てのことを鮮明にイメージしてから，実際にやっていました．だから，バレーボールの，特にスパイクに関しては，イメージは鮮明で，かつ，イメージしていると筋肉も反応するのがわかりました．イメージをやったすぐそのとおりにやろうと思ってやるのと，何も考えずにただ打つのとでは，やはり，イメージしてやって方がいいようでした．また，試合前は，今までの試合で最高だった時のプレーや，速攻等，一番うまくいった時のプレーを頭の中で再生すると，気持ちも落ち着き，効果があったように思います．

図47　ピーク・パフォーマンスの絵とイメージ体験

図48　あなたのベストプレイを絵（カラー）に描いてください。

・スタミナ負けしないように、前半は先頭集団の後方について走り（泳ぎ）、後半○キロで、ラストスパートをかける。
・試合中の飲み物、食べ物を準備し、飲み物や食事の仕方をうまく行う。

③ 心理について

心理的作戦についてもメモに書いてみましょう。例えば……
・攻撃的なプレイをする。守りのプレイにならないようにする。積極性、闘争心で負けないようにする。
・集中したプレイをする。イージー・ミスをしないように集中してプレイする。

④ その他

特に今度の試合で注意することをメモに書いてください。
・失敗すること、負けることを気にせず、自分のプレイ、自分のパターンで試合ができるようにする。

(2) 逆転の作戦をメモに書く

試合では勝つことばかりではありません。もし、負け始めた場合やリードされた時の逆転の作戦も考えておいてください。それも、その1、その2、その3くらいまで考えておくべきでしょう。自分がもっている技術をすべて発揮して負けるのでは仕方ありません。

〈その1〉攻撃面で自分のミスが多くなったから、相手のミスを誘うため、一時守りの体制をとってみる。

〈その２〉やはりダメだったら、攻撃のパターンを変えて、また攻める。

〈その３〉何をしてもダメだから、とにかく自分から失敗しないように粘ってみる。その間、チャンスをうかがう。

⑶ 作戦イメージのリハーサル

さて、メモに書いたことをイメージでリハーサル（予行演習）します。机の前に座り、メモを読んでください。次に目を閉じて、メモの内容をイメージに描きます。１～２分の間、イメージを描いてください。その後、目を開けて、しばらく（１～２分間）休んでください。今度は次の内容のメモを確認し、また目を閉じ、イメージを描いてください。このようにして、次々とメモに書いた内容を確認した後、イメージと休憩を繰り返し行ってください。全体で20～30分以内が良いと思います。あまり長くなると疲れますし、集中できなくなります。

⑷ 鮮明なイメージを描く

イメージがはっきりと（鮮明に）浮かべば浮かぶほど、実際に行っている時と同じように生体（筋肉、心拍数、感情など）が反応するはずです。頭の中にはっきりした作戦イメージが描け、確認できれば、もう心配は不要です。自分の作戦を繰り返しイメージに描き、鮮明なイメージになるように練習してください。自分の試合の仕方をはっきりすることに注意を向け、勝ち負けはその結果としてある、というように考えてください。そうすれば不安や緊張がやわらぐはずです。

4 作戦イメージ（グループやチーム用）

チームスポーツでは個人の作戦と同様に、グループやチームとしての作戦があるはずです。恐らくチームのミーティングでそのことは確認されるはずですが、イメージを使った作戦の練習も重要でしょう。

(1) チームの技術・体力・心理的作戦をメモに書く

指導者はチームの作戦を実践的な練習で行うことも重要ですが、黒板などを使って確認し、それをイメージを用いて練習するともっと良いでしょう。

① 技術について

チームの技術的作戦をメモにしましょう。フォーメーション、セットプレイ、パターン練習を決め、それを数字や言葉などの暗号やサインにして共通理解しておくと面白いと思います。例えば……

・今度の試合で使うフォーメーションやセットプレイを共通理解する。
・ダブルスの時のマッチポイントやゲームポイントを取る時、サインプレイを決めておく。

② 体力について

チームの体力的作戦をメモにしてください。例えば……

・うちのチームはスタミナがない。ボールが来る前に予測して動き、スタミナ切れがないように動く。
・A君、B君はスタミナがない。バテたら交代するので前半から積極的にプレイする。

③ 心理について

チームの心理的作戦をメモに書いてください。例えば……

・試合開始5分間は、集中してプレイする。
・時々、全員で大声をあげ、相手を驚かす。

④ その他

チームの作戦として特に注意することがあればメモに書いておきましょう。

・練習したことを出せばよい。
・個人プレイをしない。自分だけ目立つような派手なプレイは許さない。

⑵ チームの逆転の作戦をメモに書く

リードされた時、負け始めた時、1セットを取られた後など、負けると思われた時のチームとしての逆転の作戦を作っておきましょう。その1、その2、その3くらいまで作っておいてください。


〈その1〉攻撃パターンを変える。相手の弱点を見抜き、今までの攻撃パターンを変えて攻める。

〈その2〉相手の攻撃パターンを破る対策を早く決定する。

〈その3〉守りを固め、チャンスを待つ。

⑶ チームの作戦イメージをリハーサルする

指導者はチームの作戦をサイン、動き、数字、言葉で示し、チームの皆んなが、それに合わせてセットプレイ、パターンプレイ、フォーメーションをイメージする練習をします。

チームの全員が1つのサインでチームの動きをイメージできるように練習することが大切です。この種の練習はコート上やグラウンド上で経験的に行われているものですが、イメージトレーニングは、チームとしての作戦を確認する意味で有効です。

(4) 鮮明なイメージを描く

実際の試合の場面で、指導者のサインや言葉は間違って伝えられることがよくあります。サインや言葉によるイメージを、繰り返し練習することによって、そうした弊害をなくすことができます。チームとしての作戦をより鮮明に描ける選手を育てることが、チームワークの向上の一因となります。

5 イメージによる心理的競技能力のトレーニング

ベストプレイを発揮するためには、最初に診断した12項目の心理的競技能力をトレーニングする必要があることは、当然のことです。ここでは、自分の課題である項目について、イメージを用いてトレーニングしてください。

(1) 競技意欲のトレーニング

さて、試合に出場するにあたっては、競技意欲を高めておくことが大切です。そのために具体的な目標を立てておくこと、勝つという意欲、闘争心を燃やすこと、忍耐力の発揮の仕方を練習しておきましょう。

① 自己実現の意欲

試合では、単に勝ち負けという結果に対する目標だけでなく、技術面、体力面、心理面といったプレイについて、具体的目標を立てて参加することが大切です。試合に負けても、目標が達成されれば成功といえます。つまり、勝敗に対する目標と同時に、プレイに対する目標を確認し、目標達成への意欲、実力発揮の意欲、可能性への挑戦といった自己実現意欲を高めることが必要です。

・それでは、目を閉じて、頭の中で、今度の試合の結果に対する目標とプレイに対する目標を確認し、イメージしてください（1〜2分）。

・そして「自分の目標を達成するのだ！」「可能性に挑戦するのだ！」と言い聞かせてください（1〜2分）。

② **勝利意欲**

試合では、「勝つ！」と思わないと勝てません。しかし、「勝ちたい！」と思いすぎると、プレッシャーになってベストプレイが発揮できません。したがって、練習や試合の直前までは優勝や勝つことを目標に練習しますが、試合になったら、「これまで練習してきたことをやればいいんだ」と言い聞かせるのがよいと思います。しかし、勝負どころや、負け始めたら、「絶対に勝つんだ！」という強い意欲を燃やさなければなりません。

・それでは、今度の試合は「絶対勝つ！」、そのためには「練習してきたことをすべて出し尽くすのだ」と言い聞かせてください（1〜2分）。

・次に、勝負どころや、負け始めたことを想定して、「絶対勝つのだ！」ということを頭の中でつぶやいてください（1〜2分）。

③ 闘争心

試合は心の格闘技です。闘志、ファイト、積極性といった闘争心が必要です。相手が強かったり、大試合や重要な試合では、弱気にならず、積極的で攻撃的な気持ちをもつことが大切です。こうした闘争心を、試合のどの場面で、どういう動きやプレイで発揮するかを考えておくことが必要です。

・過去の試合で最も闘志があり、積極的、攻撃的な試合を思い出して、そのシーンをイメージに描いてください（1〜2分）。
・今度の試合では消極的にならず、積極的、攻撃的プレイをしている姿をイメージに描いてください（1〜2分）。

④ 忍耐力

試合では苦しさに耐える力が必要です。特に競り合っている時、調子の悪い時、負けている時、身体的な痛みがある時などの忍耐力の差は、勝敗を左右する重要な能力となります。

・あなたの過去の試合で最も忍耐力を発揮したシーンを思い出してください（1〜2分）。
・次に、負け始めた時の忍耐力の発揮の仕方をイメージに描いてください（1〜2分）。
・今度の試合ですばらしい忍耐力を発揮しているシーンを描いてください（1〜2分）。

⑵ 自信のトレーニング

自信とは、ある行動をうまく遂行できるという信念です。自信のある選手は自分の成功を信じ、必要なことが行えるという自分の能力を信頼しています。逆に、自信がないと相手がとても強そうに見えたり、周囲のことが気になったり、不安な気持ちになります。また、試合が始まっても、プレイがぎこちなくなり、思い切りのよいプレイや決断力が悪くなります。

そこで、自信と決断力を高めるトレーニングをしておくことが必要です。

① 自信

試合では、どんなプレッシャーのもとでも実力を発揮できるという自信が大切です。

- それでは、「今度の試合では、やることは全部やった」「自分のプレイをすればいいんだ」とつぶやいてください（1～2分）。
- 次に、「自分はやれるんだ」「目標を達成する自信がある」とつぶやき、自信をもって試合をしているイメージを描きましょう（1～2分）。

② 決断力のトレーニング

試合では、失敗を恐れずに決断できることが大切です。また、ここという時に、思い切りのよいプレイができることも重要です。

- それでは、あなたが過去の試合で、失敗を恐れず、すばやく決断したプレイを思い出してみましょう（1～2分）。
- 次に、今度の試合では作戦をすばやく決断したり、思い切りのよいプレイをしている姿をイメージに描いてください（1～2分）。

⑶ 作戦能力のトレーニング

試合に向けていろいろな作戦を立てます。作戦能力は、予測力や判断力から成り立っています。試合で起こりそうな場面をすべて予測して、それに対してどのような対策が必要かを判断して、あらゆる作戦を立てます。それをイメージを用いて練習しておくことが大切です。技術的作戦、心理的作戦、体力的作戦をメモにまとめて、それをイメージに描くことは前述のとおりです。

陸上競技や水泳競技では、理想とするペースや目標タイムを設定して、イメージの中でタイム・トライアル（実際に頭の中で走ったり、泳いでみる）をするのが良いと思います。得意のパターン、フォーメーション、逆転の作戦などをイメージを使って練習しておくのです。図49は陸上の１００ｍの選手のイメージ中の皮膚温です。また、図50はイメージ中の水泳（平泳ぎ）選手の呼吸曲線の変化を示したものです。このようにイメージが鮮明に描かれると、体の反応が確実に起こり、イメージが鮮明に描かれたことの証明になります。

次は水泳選手の作戦能力のイメージトレーニングです。

・○○プールをイメージに描いてください（30秒）。
・あなたは今、１００ｍ競泳のスタート台の前に立っています。非常に落ち着いて、これから始まるレースを確認しています（1～2分）。
・ホイッスルが鳴りました。「用意、ドン！」　最初の50ｍを予定のラップ・タイムで泳いでください。ターンをしたら、机を叩いて合図をしてください(予想ラップタイムとの時間のズレを計る)

（1～2分）。

・（途中省略）

・最後の10ｍで先頭集団3～4人が同時に通過しました。ラストスパートの作戦で泳いでください。
ゴールしたら、机を叩いて目を開けてください（予想タイムとの時間のズレを計る）（1分）。

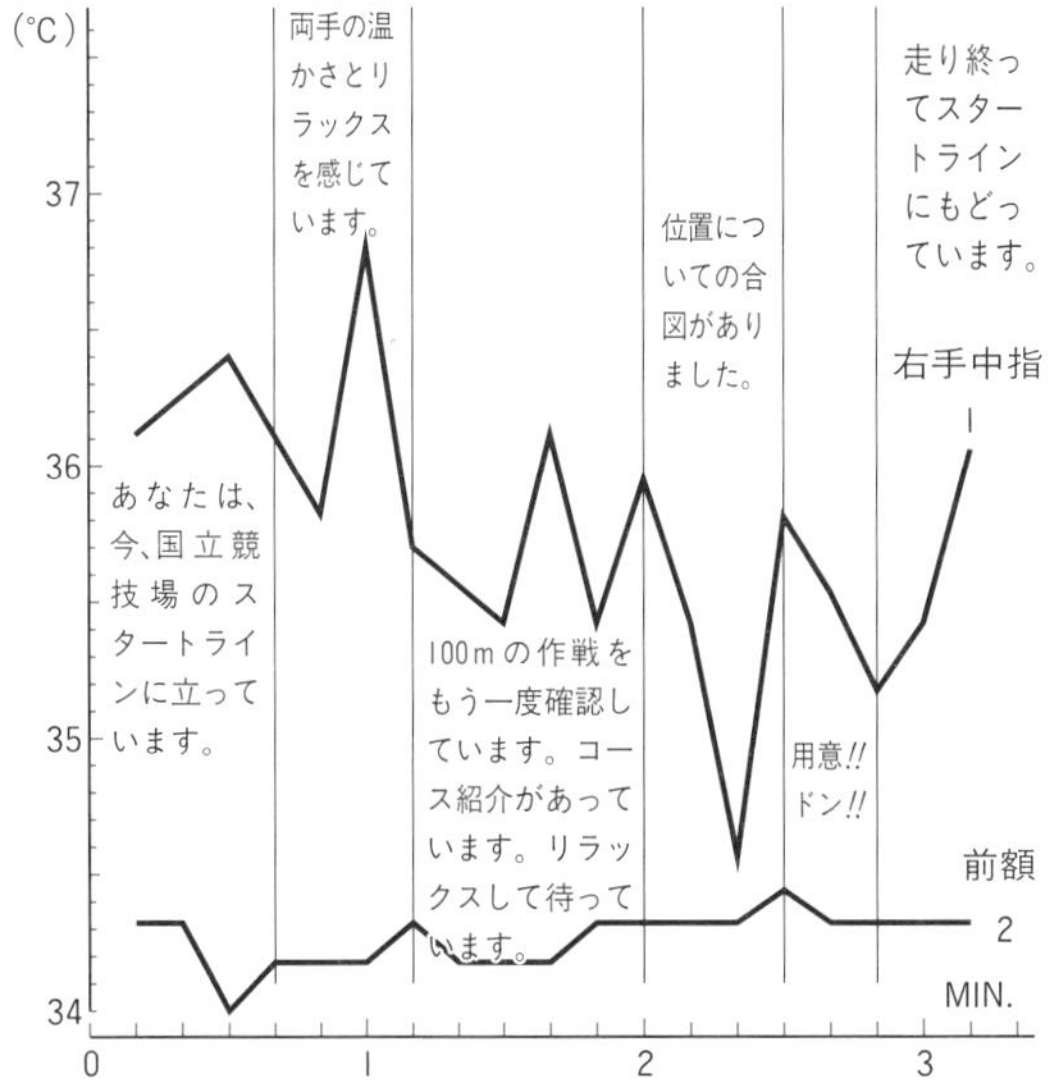
(℃)
37
36
35
34
0
1
2
3
MIN.
あなたは、今、国立競技場のスタートラインに立っています。
両手の温かさとリラックスを感じています。
100ｍの作戦をもう一度確認しています。コース紹介があっています。リラックスして待っています。
位置についての合図がありました。
用意!! ドン!!
走り終ってスタートラインにもどっています。
右手中指
1
前額
2

図49　陸上競技（100m走）選手のイメージトレーニング中の皮膚温の変化（右手中指指尖）

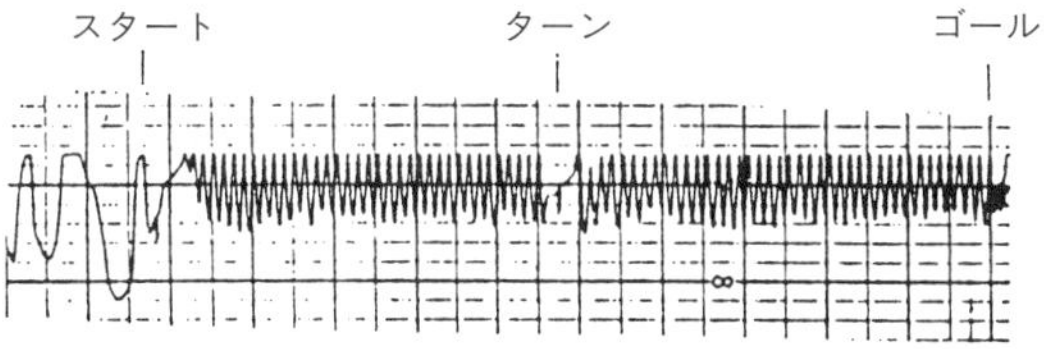
スタート
ターン
ゴール

図50　100m平泳ぎのイメージトレーニング中の呼吸曲線

このタイム・トライアルの練習は、予想タイムとイメージによるタイムが合うように何回も繰り返してください。

❻ IPR練習

今までイメージしてきたことを動きとしてリハーサル（予行演習）をする練習をＩＰＲ練習と呼ぶことにしました。ＩＰＲはImage Play in Roomの略です。室内にコートやグラウンド（１３７ページ図45参照）を描いた絵（できれば横40cm×縦50cmくらい）を壁に貼り、それを見ながらイメージしたように素振りをしたり、作戦どおりに動きやプレイをリハーサルしたりします。自分の部屋で本番と同じような気持ちでイメージカードを見ながら、レシーブ、捕球、サービスなどの動作をリハーサルしてください。イメージしたことを動きとしてリハーサルするので、より実践に近づくことになります。詳細は「自宅でできる5分間トレーニング」（１６６ページ）を参照してください。

6　練習や試合に向けてできる方法

❶ メンタルな動きづくり

これまで行ってきたリラックス、集中力、イメージなどの心理的競技能力を、実際の練習や試合の中で、動きとして発揮できるようにならなければなりません。そのことを筆者は「メンタルな動きづくり」と呼びます。いつもの練習の中で、練習開始の前や実際の動作を始める前に、数秒間、技術的イメージを描いたり、リラックスしたり、集中したりして、練習中に積極的にメンタルな動きづくりをするようにしてください。

⑴ メンタルな動きとは

さらに、試合中の動きの中に、忍耐力、自信、リラックス、集中、イメージ（予測力）などの心理的競技能力が動きとして表現できるようにトレーニングします。これまで練習してきた心理的競技能力が動きやプレイの中で発揮できるようにしなければなりません。選手の心の動きや状態は、動き・動作・表情に表れるものです。指導者は、誰が見ても「集中している」ように思えたり、いかにも「リラックス」しているように見える動きができる選手に育てなければなりません。

冒頭で紹介したスポーツ選手に必要な心理的競技能力は、忍耐力、闘争心、自己実現意欲、勝利意欲、集中力、リラックス能力、自己コントロール能力、自信、決断力、予測力、判断力、協調性の12の内容でした。選手は一連のプレイの中にこうした心の状態が動きとして発揮できることが最も重要ということです。優れたスポーツ選手は非常に美しい動きやきれいな表情をしているものです。そういう意味では、スポーツ指導者は「映画監督」といえるし、選手は「俳優」といえるでしょう。映画俳優のように何回もリハーサルを繰り返しながら、練習の時から、そのスポーツ種目に合った優れた動きができるように、メンタルな動きづくりをするようにしましょう。

例えば、サービスをする時、「意欲→リラックス→集中→イメージ」の動きをして、プレイ（本番）となるように動きをパターン化することです。一連のプレイの中にリラックス動作が欠けたり、イメージを描く動きが欠けるなど、どの部分かが欠けると優れたプレイはできないということです。

自分のベストプレイを発揮したり、試合で勝つためには、必要な時に必要な心理的能力が発揮できなければなりません。競技場面ではいろいろな心理的能力が必要です。心理的能力を動きとして表現できなければなりません。このことが重要なわけです。わかっているだけでは駄目で、そのことを動きとして出来なければ、何の役にも立ちません。「わかっているけど出来ない」とよく言いますが、本当はよくわかっていないから出来ないことになります。スポーツに限らず、パフォーマンスをうまくするためにはこのメンタルな動きを、何回も何回も繰り返し練習して、「出来るようになること」に尽きます。

例えば、心理的競技能力を動きとして表現すると、次のようになります。

①忍耐力……負け始めても、あきらめていない。苦しい場面でも何とか返球しようとしている。自分からミスをしない。接戦になってもくずれない。最後の一球まで追いかけている。相手より一球でも多く返球しようとしている。苦しい状況でも投げ出さない。最後までミスを少なくしてチャンスをうかがう。

②闘争心……顔がきりっとして「やるぞ」という気持ちが伝わってくる。失点したらすぐ取り返そうとしている。積極的、攻撃的にプレイしている。手足を動かし活動的である。顔が下を向いていない。相手をにらみつけている。歯をくいしばって頑張っている。ガッツポーズが出ている。声がよく出て

いる。自分を鼓舞している。笑わないでいきいきと動いている。

③ 自己実現意欲……新しい技術をやってみようとしている。負けてもともと、思い切りやろうとしている。あと何点と目標を達成しようとしている。目標にしたプレイを試そうとしている。大会前に立てた目標を達成しようとしている。

④ 勝利意欲……接戦になったら何が何でも頑張ろうとしている。勝つための戦術で戦っている。ミスをしないようにしている。どんな状況になっても勝とうとしている。最後まで逆点しようと思っている。劣勢になっても気持ちを切り換えて頑張ろうとしている。

⑤ 集中力……ここぞという時に良いプレイができる。イージー・ミスがない。キョロキョロしていない。相手の動きを読んでいる。冷静な判断をしている。ボールだけを見ている。風、光線、暑さ、寒さ、観衆、痛みなどを気にしていない。周囲のことを気にしていな

▲闘志をむき出しにしたプレイ

い。声を出し自分を励ましている。いつでも反応できるように準備している。何も考えていない。視線を一点に置いている。素振りをして準備している。

⑥リラックス能力……手足がよく動いている。肩に力が入っていない。顔の表情がやわらかい。プレイに力が入りすぎず、スムーズである。張り切りすぎていない。ミスが少ない。楽しそうにプレイしている。笑顔がみえる。深呼吸をしている。リズミカルに動いている。自分のペアによく声をかけている。

⑦自己コントロール能力……集中とリラックスをうまく使い分けている。気持ちをうまく切り換えている。冷静にプレイしている。熱くなりすぎていない。失敗は忘れ、次のことを考えている。ミスした後は、少し間をとって落ち着く時間をつくっている。感情を表に出さない。いつものプレイをするように考えている。

⑧自信……動きが堂々としている。失敗しても平気な顔をしている。いかにも強そう、上手そうにしている。思い切ってプレイしている。下を向いていない。首をかしげない。背筋を伸ばし胸をはっている。困った顔をしない。「練習では出来たんだ」と言いきかせる。自分の練習量を思い出し、「やれる」と何度もつぶやく。

⑨決断力……大事なところで思い切りのよいプレイをしている。失敗を恐れていない。作戦の切り換えをうまくしている。大事なポイントは積極的に取りに行く。中途半端なプレイをしていない。自分の意思決定を早くする。チャンスボールは迷いなく打っていく。

⑩予測力……良い作戦でプレイしている。相手の動きを読んでプレイをしている。イメージを描いている。作戦が的中している。自分の打ったボールで、次の相手のプレイを予測している。相手の好きな球を予測してその球を打たせない。相手がどこに打つかを予測して動いている。

⑪判断力……苦しい場面でも冷静な判断をしている。大事なところで的確な判断をしている。試合のために良い判断をしている。相手の弱点や自分の状況に合ったプレイを考え、行動している。相手の苦手なところにボールを配球している。負けている時、プレイの内容を変えている。相手の動作や癖を判断して対応している。

⑫協調性……お互いが声をかけ合っている。時々、目や動きで合図を送っている。お互いカバーし合っている。お互いの手を合わせたり、肩を軽く叩いたりして、スキンシップをしている。お互いに話し合っている。消極的な動きより積極的に攻めようと話している。ペアのミスに怒らず、ほめることに気を配っている。ペアと同じ気持ちになっている。

以上のような、メンタルな動きづくりが最も重要ということです。練習中に出来ないことが、試合で出来るわけがありませんから、練習でまず出来るようにしてください。例えば、あなたがしているスポーツの忍耐力とはどういう動きであるかを確認して、それに近い動きづくりをしていくことが重要ということです。

⑵ メンタルな動きづくりの方法

① イメージの利用

イメージはスキル（技術）であり、練習しないとイメージの鮮明度やコントロール能力は低下します。初心者は技術そのものが出来上がっていないので、全体的イメージ（○○選手のように走りなさい）を利用してください。中級者、上級者は、練習とイメージを交互に行い、詳しい内容をイメージしてください。

また、練習中、すばらしいプレイができた時などは、その感覚をしっかりとイメージしてください。成功場面だけをイメージし、失敗イメージは描かないこと、練習ができない時（ケガ、雨などの悪天候、コートや用具がないなど）や練習に新鮮さを加えたい時などにイメージを利用することも大切です。

次に、苦しい練習や体力トレーニングをしている時にイメージを用いることも忘れないでください。走りながら、あるいは泳ぎながら、作戦イメージを描いたり、優勝して

▲自分の優勝した姿をイメージする

喜んでいる姿をイメージするなどしてください。さらに、本当の試合の時と同じ気持ちをつくるなどして、積極的・意欲的な気持ちをつくって練習してください。

②　ＶＴＲ、録音テープ、作戦板の利用

ＶＴＲで個人やチームの動きを録画してください。そして、悪い動きを修正したり、良くできた場面を確認してください。それをしっかりイメージとして頭にとどめてください。心の状態が動きとして現れるので、悪い動きをしていた時、どのような気持ちであったかをチェックすると良いでしょう。また、ＶＴＲを用いて対戦相手や試合場を研究するのも忘れてはいけません。

次に、実際の試合場の観衆の音・声援や競技場のアナウンスなどを録音してください。そして、それを流しながら練習するのです。実際の試合場の雰囲気に慣れるための練習です。さらに、黒板や作戦板を使って、フォーメーション、セットプレイ、ペース配分などを練習してください。言葉だけで聞くより、絵や図に描いて説明すると理解力が

▲鏡の前で動きづくりをする中国・上海の飛び込み選手とコーチ

増すのは当然です。

③ 鏡の前でのプレイ

鏡の前に立って素振りをしたり、動きづくりをして、自分のプレイのフォームを修正したり、体のリラックス度、顔の表情などをチェックしてください。練習や部屋の一隅に大きな鏡を準備して、あたかも俳優であるかのように優れた動きづくりをしてください。

④ 用具なし、ボールなしでの動きづくり

フォーメーションやパターン練習をする時、用具やボールを使わないで、動きだけを練習する方法です。ボクシングの選手がしている「シャドウ・ボクシング」のようなものです。バレーボール、バスケットボール、サッカー、テニスなど、どのスポーツでも同じです。最初は用具やボールを使わずに、動きだけで本番に近い練習をしておこうとするものです。

⑤ 自己会話（セルフトーク）

自己会話（Self-talk）は、練習や試合中に自分を励まし

▲自己会話

たり、注意したり、問いかけたりする自分自身との会話のことです。

　ここで、面白い実験を紹介しましょう。

　まず、5円玉に約25㎝の糸をつけます。直径25㎝くらいの円を描き、その中に十字を描きます。その中央に先の5円玉を置きます。利き腕のひじをテーブルにつけ親指と人さし指で糸をもちます。前腕を45度に上げ、5円玉をテーブルから1～2㎝持ち上げます。そして、5円玉がある方向に動くように、頭の中で「左右に揺れる」…と何回もつぶやく。次に「前後に動く」「右まわり」「左まわり」と順番に考えたり、つぶやいたりします。すると、ただ頭の中で考えたり、つぶやいたりしただけなのに5円玉はそのように動き始めます。

　これはシュブルール（Chevreul, M.E.）の「振子暗示」という有名な心理実験です。つまり、私たちのからだは頭の中であることを考えたり、実際につぶやいたりすると、それと同じように神経が興奮し、からだが反応するということです。

　こうした自己会話は、プレイをする前に自分の意識を確認するために行われるので、あらゆる動きと関係します。メンタル面では心理的競技能力の12の内容と関係します。例えば忍耐力であれば、「頑張れ！」「最後まで粘れ！」などの言葉を言うはずです。

　こうした自己会話は、技術に関すること、戦術（作戦）に関すること、そして特定の気持ちづくりのために使われます。多くの選手が心の中で、あるいは小さな声で、「前で打て」「ゆっくり、ゆっくり」「集中、集中」「気持ちで負けるな」「ここが頑張りどころだ」「自分のプレイをすればよい」「積極的にやろう」「ファイト、さあ行くぞ」などと、つぶやいていると思います。特に、負け始めた時や勝っている時の自己会話は大切です。

こうした自己会話は、意識的な動きづくりになります。しかし、本当のスポーツでの動きは、無意識的な動きが必要なのです。いちいち考えて動いていては、良い動きはできません。そのために、何回も何回も動きの練習をして、無意識に体が動くように練習しなければなりません。

しかし、一流の選手ならともかく、一般のスポーツ選手は、すばらしい動きがなかなかできないため、動きの前に自分に言い聞かせたり、確認したり、自己会話をしてプレイすることになります。したがって、意識的な動きから無意識的な動きに移れるようになることが重要です。

一方、意識的な自己会話ですから、マイナスになること、消極的な自己会話は良くありません。動きは気持ちの表れですから、「もう、駄目だ」「調子が悪い」「相手が強すぎる」「雨の日は駄目だ」などのマイナスになる言葉をつぶやくと、体もそのように反応します。自己会話は、プラスになること、積極的なことをつぶやき、意識的な動きから無意識な動きができるように練習してください。

ワインバーグ（Weinberg, R.S.）はセルフトークの改善として、次の5つをあげています。

a　振り返って思い出す
b　スポーツ日誌を書く
c　マイナス思考を中断する
d　「マイナスのセルフトーク」を「プラスのセルフトーク」に転換する
e　不合理な考えを打ち消す

⑥ プレイをしていない時の気持ちづくり

試合では、実際にプレイをしていない時、ボールにさわっていない時の時間が意外に多いものです。試合時間の中で実際にプレイをする時間はごくわずかな時間です。例えば野球では、味方の攻撃の時はベンチにいるので、自分がバッターボックスに立つ以外はプレイをしていないことになります。守備の時もボールが飛んでこない限り、プレイをしないことになります。ゴルフではラウンド時間の1％以下、テニスでは全時間の約40％が実際にプレイしている時間といわれています。つまり、プレイをしていない時間の方がずっと多いのです。こうしたプレイをしていない時こそ、心の準備が非常に大切です。次のプレイへの気持ちづくりをしたり、いつボールが来てもうまく対処できるように状況を判断して、心の準備をしておかなければなりません。ぼんやりとベンチに座っていたり、守備について他のことを考えていては、良い動きはできません。「反応時間が遅い」「エラーをする」「ミスが多い」「安定していない」などは、プレイをしていない時の気持ちづくりがうまくできていない証拠です。

気持ちづくりと同時に動きづくりが必要なことは当然です。いつボールが飛んできても、うまく捕れるように常に体を動かし、かかとを上げて、膝を軽く曲げて捕球体勢をつくっておかなければなりません。

このようなプレイをしていない時の気持ちづくりや動きづくりは、優れたプレイをするためには不可欠なことですので、今一度、自分のことをチェックしてみてください。

2 試合前の心理的準備

試合前に不安になったりプレッシャーに負けないように、積極的に心の準備をする必要があります。そのためには、次のようなことについて準備してください。

(1) 試合前の心理的コンディショニングの内容

① スケジュールを調整する

大会前後に発生する勉強・仕事のこと、約束ごとなどを調整し、やり残しや気になることがないようにしておきます。自分の部屋もきれいに片付け、心置きなく大会に参加できるようにしておきましょう。

② 睡眠、食事、嗜好品に注意する

大会の開始時間に合わせた生活に切り換えるようにします。少なくとも10時ごろまでに寝て、朝は少し早めに起き、朝食を必ずとるなど、規則正しい生活を送るようにしましょう。とくに、持久的スポーツをする人は、大会日に合わせて炭水化物を中心とした食事に切り換えることや飲み物などについてのスポーツ栄養学の知識を身につけてください。

夏季はとくに寝室のクーラーを切り、試合場には氷の準備なども必要です。また、日常生活でのアルコール、たばこ、コーヒー、清涼飲料水などの嗜好品の取りすぎがないように配慮することも必要です。

③ 目標を確認する

次の大会のチームの目標と個人の目標を確認します。結果に対する目標とプレイに対する目標（技術、体力、心理）を確認します。

④ 大会までの気持ちづくりをする

大会までに忍耐力、闘争心、自己実現意欲、勝利意欲、リラックス、集中力、自信、作戦思考、協調性

といった気持ちを高めていきます。

⑤作戦のリハーサル

1　試合の作戦をメモに書く。

2　作戦をイメージする。

3　コートやグラウンドなどの絵を描き、それを見ながら素振りをしたり、動きをリハーサルしたりする。

4　作戦を練習場でリハーサルする。

⑥もし、不安になったら

a　自分のプレイをどのようにして発揮するかを考える。

b　「負けることは恥ではない」「思いきりすること」「自分のプレイをすること」「全力を出すこと」が大切だと、自分に何度も言い聞かせる。

⑦もし、試合前夜に眠れない時は

a　軽いストレッチング・体操や散歩をする。

b　無意味なことをつぶやく。数をかぞえる、「羊が一匹、羊が二匹…」、自分の合言葉など。

c　寝た姿勢で「両手が温かい」とつぶやく。

d　「横になっているだけでよい」と考える。

▲眠れない時の方法

以上のように、試合前の心理的コンディショニングが必要です。ある意味では、試合前や競技者としての生活習慣を規則正しくできるようになることが、メンタルトレーニングの第一歩といえます。生活面が規則的にできない選手にメンタルトレーニングをしてもうまくできるはずがありません。まず、スポーツ選手としての生活習慣が規則正しくできるようにしましょう。

(2) 試合前日にしておくこと

① 試合会場の条件の確認
② 対戦相手チームの確認
③ 試合前日や当日の朝にすることとの確認
④ 試合会場での過ごし方（食べ物、飲み物、休憩など）
⑤ 目標の確認（結果、プレイの内容）
⑥ 試合への積極的な気持ちづくり
⑦ 作戦の確認（技術・体力・心理的作戦、逆転の作戦）

3 自宅でできる5分間トレーニング

前もって自分のしている競技のコート、グラウンドなどを描いた絵（１３７ページ図45のイメージカード参照、横40㎝×縦50㎝くらい）を壁に貼り、それを見ながら以下の練習をします。最後に、素振りや動き・気持ちのリハーサル（予行練習）をしましょう。

(1) リラックス5分間練習法

まず、静かな部屋で椅子に腰掛けて、リラックスの練習をしましょう。

①（0～1分）：深呼吸

1回目　黙想して普通にゆっくり深呼吸を2回。

2回目　閉眼、4-4-8拍子で腹式呼吸を2回。

3回目　開眼、4-4-8拍子で腹式呼吸を2回。

②（1～2分）：温感練習（両手・両足を温かくする）

1回目　黙想して「右手が温かい」と3回つぶやき、温かくする。

2回目　「両手が温かい」とつぶやき、温かくする。

3回目　「両足が温かい」とつぶやき、温かくする。

4回目　「両手両足が温かい」とつぶやき、温かくする。

③（2～3分）：緊張とリラックス

1回目　開眼で両腕に5秒ほど力を入れた後、力を抜き5秒ほど休む。

2回目　両肩に5秒ほど力を入れた後、力を抜き5秒ほど休む。

3回目　閉眼して顔に5秒ほど力を入れた後、力を抜き5秒ほど休む。

4回目　開眼で両脚に5秒ほど力を入れた後、力を抜き5秒ほど休む。

5回目　全身に5秒ほど力を入れた後、力を抜き5秒ほど休む。

④（3～5分）：リラックスした動き
　プレイをする前に行うリラックスした動きを2～3回する。

(2) 集中トレーニング5分間練習法

次に、静かな部屋で椅子に腰掛けて、集中力の練習をしましょう。
①（0～1分）：黙想
　黙想して、自分の吐く息に集中する。
②（1～2分）：一点集中
　開眼して、物（ボール、筆記具など）に注意を集中する。
③（2～3分）：視線の固定
　遠くの物（標的、風景など）に視線を固定し、まばたきをしない。
④（3～4分）：セレモニー（儀式）のイメージ
　集中するために行うセレモニー（儀式）をイメージする。
⑤（4～5分）：集中した動き
　イメージカードを見ながら、イメージしたセレモニー（儀式）を実際の動きとして行う。

(3) イメージトレーニング5分間練習法

さらに、静かな部屋で椅子に腰掛けて、イメージトレーニングをしましょう。
①（0～30秒）：閉眼で試合会場をイメージに描く

② （30～60秒）：目標の確認
結果に対する目標（順位、記録）とプレイに対する目標（技術、体力、心理）をメモに書く。メモしたことをイメージで確認する。これを2回繰り返す。

③ （1～2分）：技術的な作戦
今度の大会の技術的作戦をメモに書く。メモしたことをうまくプレイしているイメージを描く。これを2回繰り返す。

④ （2～3分）：作戦の切り換え
うまく行かなかった時の作戦、負けそうになった時の逆転の作戦をメモに書く。それをうまく行っているイメージを描く。これを2回繰り返す。

⑤ （3～5分）：①～④の確認
イメージカードを見ながら、開眼、立位の姿勢で少し動きながら①～④までのイメージを頭の中で確認する。

⑷ 動きと気持ちのリハーサル5分間練習法

最後に、静かな部屋で椅子に腰掛けて、動きと気持ちのリハーサルをしましょう。

① （0～1分）：素振りや基礎技術の動き
イメージカードを見ながら、素振りや基礎的な技術を動きとして行う。

② （1～2分）：作戦のリハーサル

イメージカードを見ながら、自分の作戦（技術、体力、心理面）を動きとして行う。

③（2〜3分）：逆転の作戦のリハーサル

イメージカードを見ながら、逆転の作戦を動きとして行う。

④（3〜5分）：メンタルな動きのリハーサル

イメージカードを見ながら、リラックス、集中、自信、闘争心などの心理的スキルを動きとして表現する。

以上のことを確認してイメージを描いて、頭の中にしっかり覚えておくことが必要です。経験できない今度の試合のことを、頭の中で練習して慣れておこうということです。何回もイメージに描いて、「やるだけやった」という心の余裕をつくり、試合を楽しみに待つようにしてください。

このようにすれば、試合に関しては、すべて準備ができたものと思われます。後は生活面でやり残したことはないか、身の周りはきちんと整理できたか、忘れ物はないかを確認してください。すべきことはすべて行い、あとは、リラックスした気持ちで試合を楽しみに待つだけです。

4 自信を高める

(1) 自信とは

自信とは「自分の能力や価値を確信していること」「ある行動をうまく遂行できるという信念」であります。試合に対する自信を構成する要因を図51に示しました。自信に影響する要因として試合前の練習量、生活習慣、心身の状態、そしてパーソナリティなどが考えられます。そして、この要因が自己の能力である技術、体力、心理面の自信を形成します。この自己の能力に対する自信が試合での勝敗、目標達成、実力発揮などの結果や目標に対する自信につながり、それらが総合されて試合に対する自信が形成されると考えられます。したがって、自信を高めるためには図51に示した自己の能力や結果・目標に対する自信を高めなければなりません。そのための方法を10個あげると、以下のようなことが考えられます。①試合に勝つ、②試合で目標を達成する、③試合の作戦を十分にリハーサルしておく、④試合に対する認知を変える、⑤練習で課題の達成度を高める、⑥ストレス解消や自己暗示を行う、⑦他者からの励ましや指示を受ける、⑧他者の体験を見本にする、⑨上達度や勝利を「努力」に帰属する、⑩ポーカーフェースで闘志を内に秘める。

(2) 自信をつける方法

ワインバーグ（Weinberg, R.S.）は『テニスの心理学』という本の中で、自信をつける方策として、次のことをあげています。

① 成功経験をもつ
② イメージ法による成功経験をもつ
③ 自信があるように振舞う
④ 積極的な考え方をする
⑤ 体調を整える
⑥ 攻撃的計画をもつ

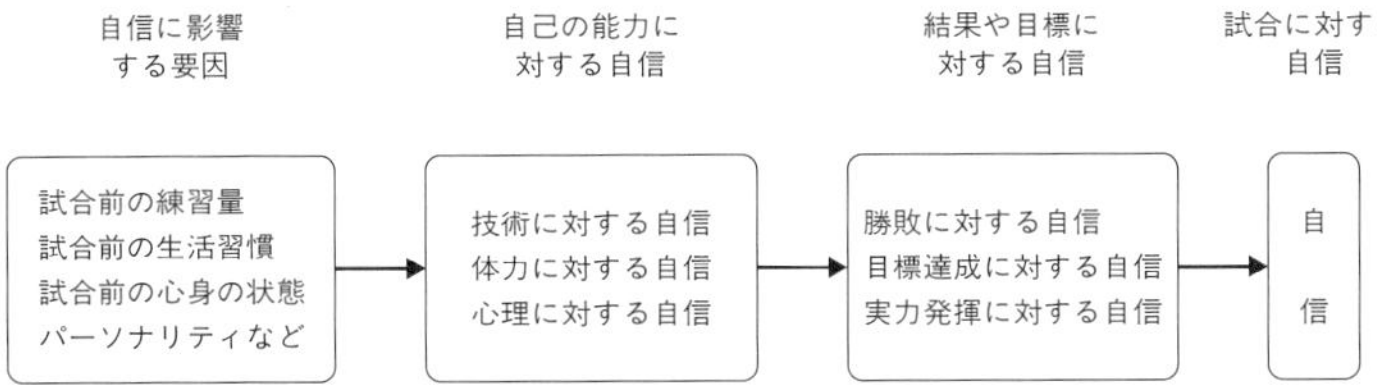

図51　試合に対する自信の構成要因

⑦ 試合前の行動に一定の手順を確定する

⑧ 相手がうまくプレイしていても自信を維持する

⑶ 自己効力感を高める

自信は小さすぎても、大きすぎても困ります。技術については、自信のある技術と自信のない技術などがあるはずです。近年、「自己効力感」という考えが使われています。これは「一定の結果を生み出すのに必要な行動をうまくとることができるという確信」です。

たとえば、テニスのサービスで、普通にはセカンドサービスを入れられる確率は80％くらいの高さですが、接戦になり、しかも大事なポイントになった時のセカンドサービスを強く打って入れられる確率は、40％くらいの低さになるといった場合、普通のセカンドサービスの自己効力感は高いのですが、接戦になった時の自己効力感は低くなり、接戦時の自己効力感を高めることが必要となります。

つまり、どのスポーツであれ、いろいろな基礎技術や応用技術があるので、それぞれの状況での自己効力感の確率を高めることが自信を高めることになるわけです。

⑷ 一人での練習をとおして強い意志を養い、自信を高める

一人での練習は強い意志力をつくり、自信を高めることにもなります。誰もいないグラウンドや体育館で練習やトレーニングをすること、夜道を黙々と一人でランニングすること、一人で素振りをすることなど、一人でできる練習法やトレーニング法はたくさんあります。誰かに見られても恥ずかしくない、自分で決めた練習内容は、自分に妥協することなく、やり遂げることにより強い意志が育ちます。今日はグラ

ウンドを10周走ると決めたら、途中で苦しくても8周でやめてしまうのではなく、一度決めたら必ず10周走る。そして「今日は自分に負けなかった！」「決めたとおり、やった！」と達成感を味わうなどして自信をつけていくのです。

⑸ できる限りの練習量をこなして自信を高める

気持ちとしては、現在の環境の中でできる限りの練習をし、あらゆる準備をして、「やるだけやった」「今の自分にはこれ以上はできない」「これで負けてもしかたがない」「思いきってやろう」といった心境をつくり、自信を高めましょう。

7 試合出場（本番）

1 試合直前

さあ、本番です。今まで準備してきたことを行えばよいわけですが、試合直前、試合中、試合終了後に特に注意することを簡単にまとめると、次のようになります。

①ウォーミング・アップを十分にして、余裕をもって試合時間を待ってください。

②練習では「優勝」「ベスト4」を目標に頑張ってきたが、試合前には「自分の実力を発揮するのだ」「自分の目標を達成するのだ」と言い聞かせてください。

③試合時間の20～30分くらい前から自分のスタイルで集中し始めます。たとえば、トイレに行く、軽くウォーミング・アップをする、大事な3つくらいのことをメンタルリハーサルする、からだをゆっくり動かす、次第に何も考えないようにする、いつ呼ばれても出場できるように集中した状態で待つなどです。呼ばれたら「よし、行くぞ！」「やるぞ！」とつぶやき、ゆっくり試合場に向かいます。

2 試合中

①勝っていれば作戦はそのままです。

②負けゲームや失敗が続いたら、作戦の切り換えをします。その決断は早くしてください。

③リードしても、積極的・攻撃的プレイをしてください。守りのプレイになってはいけません。

④接戦になったら、「絶対勝つぞ！」「相手も苦しいんだ！」と闘志を燃やしてください。最後は、どれくらい勝ちたいかの違いで勝敗が決まります。

3 試合前や試合中の気持ちづくり

スポーツ選手は、試合前の不安、恐怖、あるいは試合中の怒り、驚きなどの感情に対して、実際にはどのように対処しているのでしょうか。そんな疑問から、大学のスポーツ選手を対象にして不安の対応策の実施状況を調査しました。調査は不安の対応策として実施しましたが、今まで述べてきた試合前の気持ちづくりの方法を整理する意味から、紹介してみたいと思います。

調査結果を因子分析という統計的手法を用いて、表16のように分類しました。重複した内容も若干ありますが、身体的対応策としては「身体的リラクセーション」と「技術練習」に分類し、精神的対応策は「アクティベーション（活性化）」「自己暗示」「精神的リラクセーション」「技術のイメージづくり」「精神集中」「呼吸の調整」に分けることができました。その他の対応策として「興奮を静める」「他者依存」「積極的対話」「環境をかえる」「縁起をかつぐ」に分けました。

それぞれの実施傾向を男女別にみると、図52・53のとおりです。

因子別にみると、男女とも「アク

表16　不安の対応策の分類

1．身体的対応策	(1)身体的リラクセーション	準備運動，筋肉のリラクセーション，マッサージ，手・足・顔をたたく
	(2)技術の練習	基礎技術や不安な技術を練習する
2．精神的対応策	(3)アクティベーション	気合を入れたり・声を出して気をひきしめる，ベストをつくせばよい・ぶっつかるだけと考える
	(4)自己暗示	絶対負けない・自分は強い・自分はやれると暗示にかける
	(5)精神的リラクセーション	負けてもともと・気楽に楽しくやればよいと考える・勝敗にこだわらない
	(6)競技のイメージづくり	得意なパターン・作戦・以前よかった場面・勝つためのイメージを描く
	(7)精神集中	目を閉じ心を落ちつけ，精神を集中する
	(8)呼吸の調整	呼吸を整える，呼吸に集中する，大きく深呼吸する
3．その他の物理的・環境的対応策	(9)興奮を静める	水を飲む，本を読んだり音楽をきく，顔を洗う，トイレに行く
	(10)他者依存	監督・コーチにすべてをまかせる・気合を入れてもらう
	(11)積極的対話	積極的に友人と話をしたり，意識的に陽気にふるまう
	(12)環境をかえる	一人になる，空や天井を見る
	(13)縁起をかつぐ	お守りを身につける，縁起をかつぐ

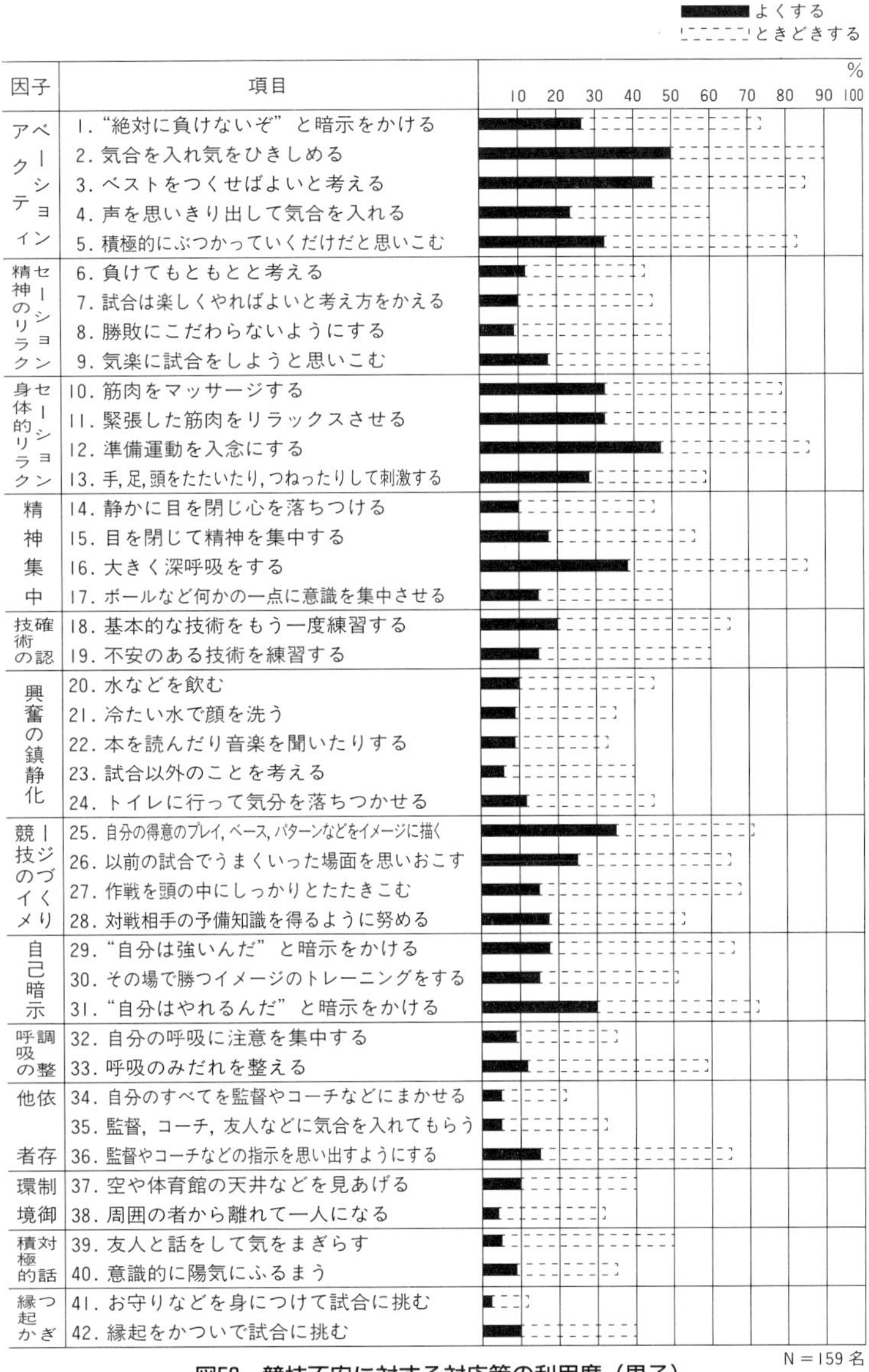

よくする
ときどきする
因子
項目
%
10 20 30 40 50 60 70 80 90 100
アクティベーション
1. "絶対に負けないぞ" と暗示をかける
2. 気合を入れ気をひきしめる
3. ベストをつくせばよいと考える
4. 声を思いきり出して気合を入れる
5. 積極的にぶつかっていくだけだと思いこむ
精神のリラクセーション
6. 負けてもともとと考える
7. 試合は楽しくやればよいと考え方をかえる
8. 勝敗にこだわらないようにする
9. 気楽に試合をしようと思いこむ
身体的リラクセーション
10. 筋肉をマッサージする
11. 緊張した筋肉をリラックスさせる
12. 準備運動を入念にする
13. 手,足,頭をたたいたり,つねったりして刺激する
精神集中
14. 静かに目を閉じ心を落ちつける
15. 目を閉じて精神を集中する
16. 大きく深呼吸をする
17. ボールなど何かの一点に意識を集中させる
技術の確認
18. 基本的な技術をもう一度練習する
19. 不安のある技術を練習する
興奮の鎮静化
20. 水などを飲む
21. 冷たい水で顔を洗う
22. 本を読んだり音楽を聞いたりする
23. 試合以外のことを考える
24. トイレに行って気分を落ちつかせる
競技のイメージづくり
25. 自分の得意のプレイ, ベース, パターンなどをイメージに描く
26. 以前の試合でうまくいった場面を思いおこす
27. 作戦を頭の中にしっかりとたたきこむ
28. 対戦相手の予備知識を得るように努める
自己暗示
29. "自分は強いんだ" と暗示をかける
30. その場で勝つイメージのトレーニングをする
31. "自分はやれるんだ" と暗示をかける
呼吸の調整
32. 自分の呼吸に注意を集中する
33. 呼吸のみだれを整える
他者依存
34. 自分のすべてを監督やコーチなどにまかせる
35. 監督, コーチ, 友人などに気合を入れてもらう
36. 監督やコーチなどの指示を思い出すようにする
環境制御
37. 空や体育館の天井などを見あげる
38. 周囲の者から離れて一人になる
積極的対話
39. 友人と話をして気をまぎらす
40. 意識的に陽気にふるまう
縁起かつぎ
41. お守りなどを身につけて試合に挑む
42. 縁起をかついで試合に挑む
N＝159名

図52　競技不安に対する対応策の利用度（男子）

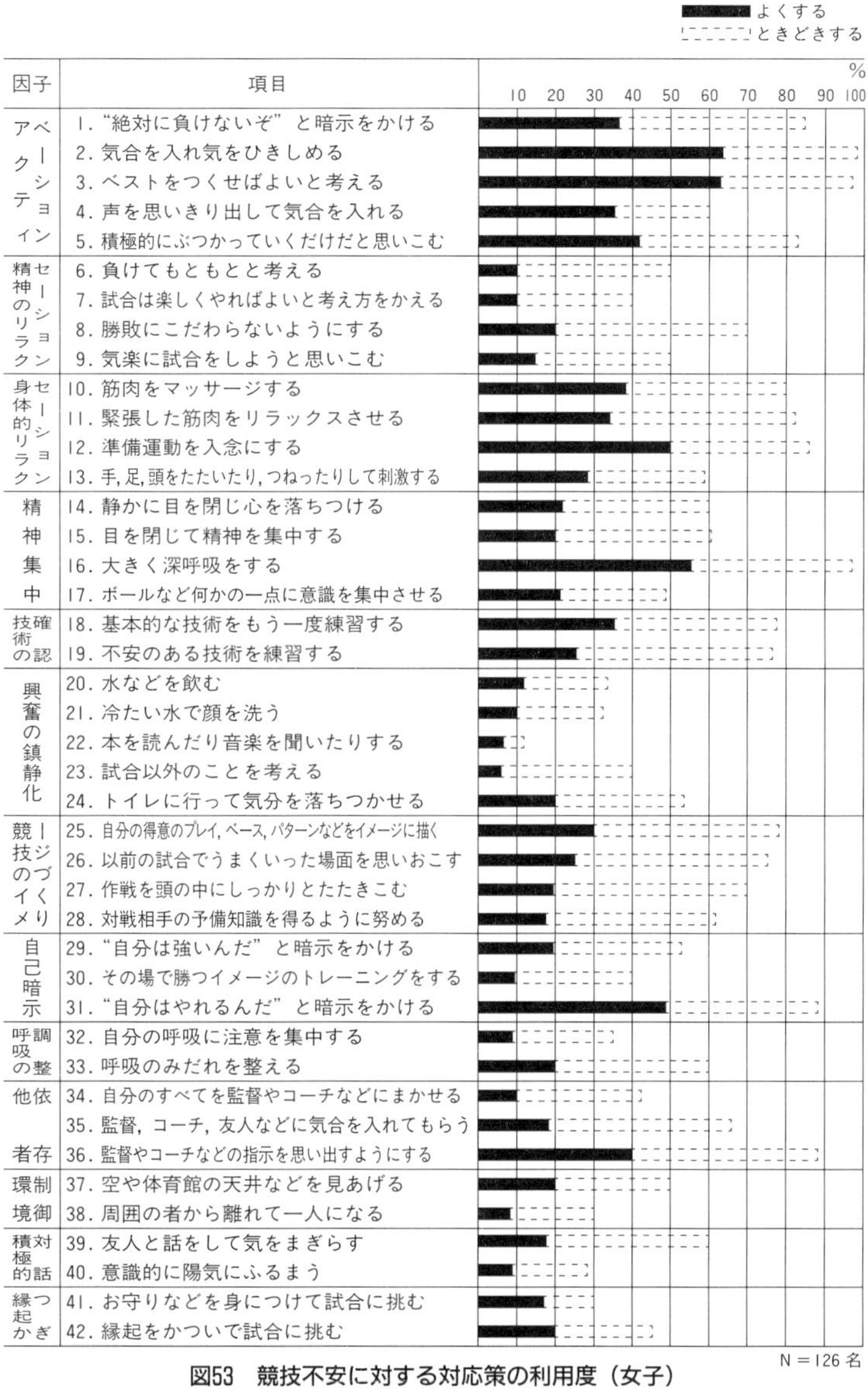

図53　競技不安に対する対応策の利用度（女子）

ティベーション」の項目が最も多く、次に「身体的リラクセーション」「精神集中」「競技のイメージづくり」「自己暗示」などの対応策が多く実施されています。逆に、「呼吸の調整」「環境をかえる」「積極的対話」「縁起かつぎ」「精神的リラクセーション」は、実施率がやや少なかったようです。

次に項目別にみると、男女とも「よくする」が最も多いのは、「気合いを入れ、気を引き締める」（男子50％、女子64％）でした。上位4項目は男女ともほぼ同様で、「ベストを尽くせばよいと考える」（男子45％、女子63％）、「準備運動を入念にする」（男子47％、女子49％）、「大きく深呼吸をする」（男子36％、女子56％）で、特別な方法が行われていることはありませんでした。いずれの項目とも女子に多く用いられていました。

次に、性差について実施程度に顕著な差がみられる項目をみると、「監督、コーチ、友人などに気合いを入れてもらう」（男子5％、女子17％）と「監督、コーチ、友人などの指示を思い出すようにする」（男子15％、女子40％）でした。2つの項目とも他者依存であり、女子の特徴を示しています。

そのほか、「本を読んだり、音楽を聞いたりする」（男子8％、女子3％）は男子に多く、女子は「お守りなどをつけて試合に挑む」「勝敗にこだわらないようにする」「大きく深呼吸をする」「自分のすべてを監督、コーチにまかせる」「ベストを尽くせばよいと考える」「自分はやれるんだと暗示をかける」「静かに目を閉じる、心を落ち着ける」を多く行っていました。全体的に「他者依存」「アクティベーション」「精神集中」の対応策は女子に多く、「身体的リラクセーション」「競技のイメージづくり」では顕著な差はみられませんでした。

以上が結果の概略ですが、具体的方法としてまとめると、次のように分類できます。あなたが実際にしている方法と比較してみてください。そして、自分に最も合った方法を身につけるようにしてください。

(1) 身体的対応策

① 身体的リラクセーション

ここに含まれている内容は、「準備運動を入念にする」「マッサージをする」「手・足・顔をたたいたり、つねったりして刺激する」「柔軟体操やストレッチングをする」などによって、緊張した筋肉をリラックスさせる方法です。筋肉のリラクセーション法としては漸進的リラクセーション法、自律訓練法、バイオフィードバック法などの心理的技法もこの中に含まれます。前者は動的方法であり、後者は静的方法ということができます。

② 技術の練習

「基本的な技術をもう一度練習する」「不安のある技術を練習する」などです。試合前のウォーミングアップとして、技術の練習をすることにより気持ちづくりをすることができます。

(2) 精神的対策法

① アクティベーション

「絶対に負けないぞと暗示をかける」「気合いを入れ、気を引き締める」「ベストを尽くせばよいと考える」「声を思い切り出して、気合いを入れる」「積極的にぶつかっていくだけだと思い込む」「気分を高揚させる」などの内容です。これらによって闘争心、勝利意欲、自己実現意欲、積極性(ファイト)、忍耐力などの気持ちをつくります。

②　自己暗示

「自分は強いんだと暗示をかける」「自分はやれるんだと暗示をかける」などの暗示によって、勇気や自信などの気持ちを高めます。

③　精神的リラクセーション

「負けてもともと考える」「試合は楽しくやればよいと考え方をかえる」「勝敗にこだわらないようにする」「気楽に試合をしようと思い込む」「自分に失うものは何もない」などがあります。結果に対する認知、試合に対する考え方を勝敗だけにおくのではなく、楽に考えたり、実力を発揮することを重視するように考えて、精神的にリラックスする方法です。不安や緊張をやわらげ、リラックスすることができます。

④　競技のイメージづくり

「自分の得意なプレイ、ペース、パターンなどをイメージに描く」「以前の試合でうまくいった場面を思い起こす」「作戦を頭の中にしっかりとたたきこむ」「対戦相手の予備知識を得るように努める」「その場で勝つためのイメージをする」などがあります。すなわち、積極的なイメージや成功イメージを描くイメージ法です。試合前の不安感を解消したり、気分の高揚に有効です。

⑤　精神集中

「目を閉じて精神を集中する」「静かに目を閉じて、心を落ち着ける」「ボールなど何かの一点に意識を集中させ強化する」などです。集中力とは自分の注意をある課題や対象物に集め、それを持続させる能力です。試合に集中するために最も重要な方法といえます。

⑥ 呼吸の調整

「大きく深呼吸する」「自分の呼吸に意識を集中する」「呼吸の乱れを整える」などです。多くの選手は深呼吸することによって心を落ち着けています。すなわち、「ゆっくり吸って、止めて、ゆっくり長く吐き出す」といった腹式呼吸をすることにより、呼吸を調整し、ひいては、心拍数を減らし、筋肉をリラックスさせたり、精神を集中させ、心を落ち着かせています。

⑶ その他の対策

① 興奮を静める

「水などを飲む」「本を読む」「音楽を聞く」「冷たい水で顔を洗う」「排尿をして気分を落ち着かせる」などです。興奮した頭を冷たい水で冷やすことにより、脳の温度を下げて、心を落ち着かせます。また、興奮することを考えず、音楽や本に注意を向けることによって興奮を静めます。いわば気分転換です。さらには排尿によって不安を解消し、気分をすっきりさせる方法です。

▲試合前の積極的対話

② 他者依存

「自分のすべてを、監督・コーチにまかせる」「監督・コーチ・友人などに気合いを入れてもらう」「監督・コーチなどの指示を思い出すようにする」などです。これは他者によって、自分の気持ちをつくってもらおうというものです。監督・コーチの指示に注意を集中し、自分もそのとおりに行動することによって、気持ちづくりをしようとするものです。

③ 積極的対話

「友人と話をして気をまぎらわせる」「意識的に陽気に振る舞う」などです。試合前の緊張した時には自分を陽気に振る舞って、気分を楽にします。また、チームゲームの場合は、チームの中に陽気な人がいると気分が盛り上がるものです。

④ 環境をかえる

「周囲の者から離れて一人になる」「空や体育館の天井などを見上げる」などです。他者からの雑念を払いのけ、試合前の気持ちづくりのため、一人になったり、ある一点に注意を向ける方法です。

⑤ 縁起をかつぐ

「お守りなどを身につけて試合に挑む」「縁起をかついで（おまじない、ヒゲをはやすなど）試合に挑む」などです。縁起は因縁生起《いんねんしょうき》の仏教の教えであり、以前に何か良い結果があったら、その時のことを繰り返してみようということです。優勝していた時に着ていたユニフォーム、靴下、帽子や、調子が良かった時の練習の仕方などさまざまなものに縁起をかついで、気持ちづくりをしようとする方法です。

以上のように、試合前や試合中の不安をなくしたり、ベストプレイを発揮するために、さまざまな方法が取り入れられています。自分流の心と体の調整法を身につけ、常にベストプレイが発揮できるように努力してください。

4　試合終了後

勝っても負けてもお互いの健闘をたたえます。勝者としての条件、敗者の条件を心得ておきましょう。

(1) 勝者の条件

さて、勝者になってからの条件について考えてみましょう。まず、素直に喜びたいものです。むしろ、素直に喜べるような勝ち方をしたいものです。いくら勝っても、あと味が悪いような勝ち方では素直に喜ぶことはできません。実力伯仲の中を努力に努力を重ねての勝利であれば、その喜びは感動につながるはずです。そして、敗者の心境を察する心構えも勝者の条件といえましょう。試合後のわずかな会話や握手が今までの緊張感をやわらげ、お互いの気持ちにさわやかな印象を与える重要な役割を果たします。

(2) 敗者の条件

敗者の条件もまた必要です。試合に負けても気持ちはすっきりした試合があるものです。自分の実力を発揮して負けたのなら、「やるだけやった」という気持ちになるものです。試合に負けることは、恥になるものではありません。負けた教訓を次の試合に生かせばよいわけです。口もきかずに怒っているより、勝者をたたえるだけのゆとりをもちたいものです。最も見苦しいのは、敗者の弁（言い訳）で、次のようなものがあります。露骨な弁解は自分をますます惨めにします。

・風が強すぎた。
・太陽が目に入った。
・眼鏡がじゃまになった。
・ラケットが悪かった。
・靴が新しすぎた、古すぎた。
・肘、肩、膝が痛かった。
・二日酔、睡眠不足だった。
・今日は調子が悪すぎた。
・練習をしていなかった。
・勉強や仕事が忙しかった。
・風邪をひいていた。
・食後すぐだった。
・ボールが悪かった。
・自分のミスだけで負けた。
・相手の当たり損ないが多すぎた。
・イレギュラーが多すぎた。
・コートが硬すぎた、軟らかすぎた。
・経験年数が違う。
・クラブ出身者だ。
・年齢が違いすぎる。
・自分に不利なコートだった。
・練習時間が違う。

8 試合後の反省

さて、心理的に強くなるためには、練習や試合が終わって、気持ちの面で問題はなかったかを反省することが大切です。優れた選手は、「あの場面でこうした気持ちになって、こうしていたら、もっと良いゲームができたのではないか」と常に反省しています。自分の場合はどうだったかをチェックして、反省文を書いておくようにしてください。そして、次の試合では悪かった点がうまくいくようにトレーニングすることが大切です。次のような内容で反省をしましょう。

1 目標に対する反省

①結果に対する目標の達成度は？
②プレイの内容に対する目標の達成度は？

目標に対して試合後やシーズン終了後に、客観的な資料（測定、検査、スコアブック、VTRなど）を用いた反省により、目標が修正されたり、新たな目標が設定されることになります。

例えば、選手の立場からみると、勝つことは重要なことです。しかし、今後は勝つことだけではなくパフォーマンスに対する目標達成との関係で、試合結果を評価することが重要です。図54に示されるように、あらかじめ立てられた目標が達成され、なおかつ試合に勝てば、「大成功」で◎です。たとえ試合

競技の結果 ＼ 試合（パフォーマンス）の内容	（悪）	（良）
（勝）	勝ったが，目標は達成されなかった。 **失敗→△**	勝って，なおかつ目標達成。 **大成功→◎**
（負）	負けて，なおかつ目標は達成されなかった。 **大失敗→×**	負けたが，目標は達成された。 **成功→○**

図54　試合後の反省のしかた

で負けても、目標が達成されれば「成功」で、○と評価すべきです。逆に、試合に勝っても、パフォーマンスに対する目標が達成できなかったとすると、それは「成功」とはいえず「失敗」で、△と判断すべきです。そして、試合に負け、目標も達成されなかったとすると、「大失敗」で、×と評価すべきでしょう。

指導者からみると、「試合には勝ったが、目標が達成されていないプレイ」であれば新たな目標を設定しなければならないし、「負けても目標が達成されたプレイ」であれば賞賛し、自信を与える指導をすることが大切になります。自信をもつこと、自信を与えることが非常に重要です。目標の設定とそれに対するフィードバックの客観的指導こそ、自発的・自主的、そして創造的に競技に取り組む選手を育てる重要な視点といえます。こうした意味で試合ごとに目標を設定しておくことは大切なことになります。

2 試合中の心理状態のチェック

試合中の気持ちづくりに問題がなかったかどうかをチェックしてください。最初に紹介した、試合中の心理状態をチェックする診断表（33ページ）を利用してください。必要な時に、必要な気持ちづくりができたかどうかが、メンタル面のトレーニング効果としては重要です。試合中の心理状態診断検査の得点が50点に近いほど望ましいことになります。

3 実力発揮度の評価

実力発揮度は時間を短縮するスポーツについては、【ベスト記録÷当日の記録×１００】となります。例えば100m走のベスト記録が11秒の人が、ある試合で11秒4で走ったら［11・0÷11・4×100］で、実力発揮度は96・5%となります。逆に距離を伸ばすスポーツは、【当日の記録÷ベスト記録×100】となります。時間や距離では計算できないスポーツの場合は、主観的に判断して実力発揮度が何パーセントになるかを評価してください。

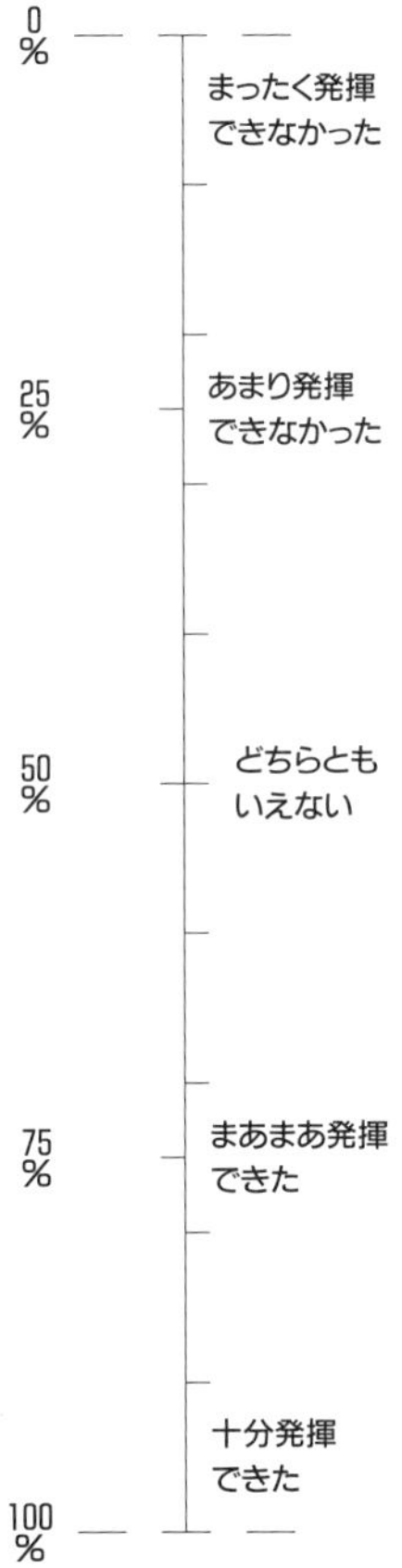

図55　実力発揮度の評価

実力はどのくらい（パーセント）発揮できましたか↓（　　）%

4 スポーツ日誌をつけよう

成績、勝因、敗因、対戦相手の特徴、指導者や仲間の助言、自分の課題などを日誌につけましょう。

以上のとおり、心理的競技能力の強化法について説明してきました。このような内容を総称してメンタルトレーニングと言うのです。メンタルトレーニングの目的は、勝つことではなく、目標の達成度、そして試合中の心理状態や実力発揮度の評価を高くし、しかもその確率を安定させることです。試合後の自己反省の評価が高くなり、その確率が安定することがメンタル面で強くなったことを意味します。

ここで誤解してはいけないことをつけ加えておきます。メンタルトレーニングは、あなたが練習できることを試合でもできるようにするために行うものです。したがって、メンタルトレーニングをしたからといって、試合に勝ったり、練習でできないことが試合でできることにはなりません。つまり、メンタルトレーニングは、練習でできることを試合で発揮できる確率を高め、その確率を安定させることが目的ということです。勝利はその後についてくるものです。

心理的競技能力はトレーニングすれば向上するし、技術や体力と違って何歳（高齢）になってもトレーニングすれば強化されます。勝利にあまりにもこだわりすぎるのではなく、自分のペストプレイを発揮するという原点に立ち返ることにより、あなたの競技成績はもう一段向上するものと信じます。こうしたメンタルトレーニングを1日に15～30分間繰り返し行うことが、心理的に強い選手となり、一流選手への成長を早めるものと確信します。

第5章

「向上心」を持ち、ベストプレイを高める

前章で、メンタルトレーニングをしただけでは勝てないと言いました。勝つためには自分の技術や体力を高めるなど、競技者としての「向上心」を高めなければなりません。この章では、ベストプレイを高めるには、どのようなことをすればよいか、広い意味で考えてみたいと思います。

1　医・科学的サポート体制をつくる

ベストプレイは技術、体力、心理の総合的な競技力によって決定されます。技術、体力、心理のそれぞれの要素を高めるためには、それなりの知識や方法を身につけておかなければなりません。すでにわが国の多くの競技団体が取り入れているように、諸科学の研究者や専門家を強化スタッフとして加えることが必要です。例えば、技術面ではバイオメカニクス(動作分析などの運動力学)、体力面では運動生理学、心理面ではスポーツ心理学、栄養面ではスポーツ栄養学、障害面ではスポーツ医学などです。

これらの研究者や専門家は、チームのリーダー（監督、コーチ、キャプテン）のもとで総合的な組織として運営されるべきです。世界や日本のトップレベルを維持している競技団体や個人選手は、その成功例といえます。例えば、図56のような医・科学的サポート体制をつくるということです。このような強化スタッフが揃えられないチームや個人は、リーダーや本人自身が技術、体力、心理、栄養などについての知識を身につけるように勉強するしかありません。

スポーツの練習に科学的方法を導入することは、今やトップレベルを維持するための常識になっています。身近な研究者や専門家への協力を積極的に行い、強化スタッフを作ることがベストプレイを高めることになります。学校などのスポーツクラブでは、体力トレーニング係、栄養係、メントレ係などの役割をつくり、責任者を決めて自主的に運営するのもよいと思います。

また、家族、仲間、グループなどのサポートも大切です。とくに家族のサポートは、「勝ち負け」が厳しい

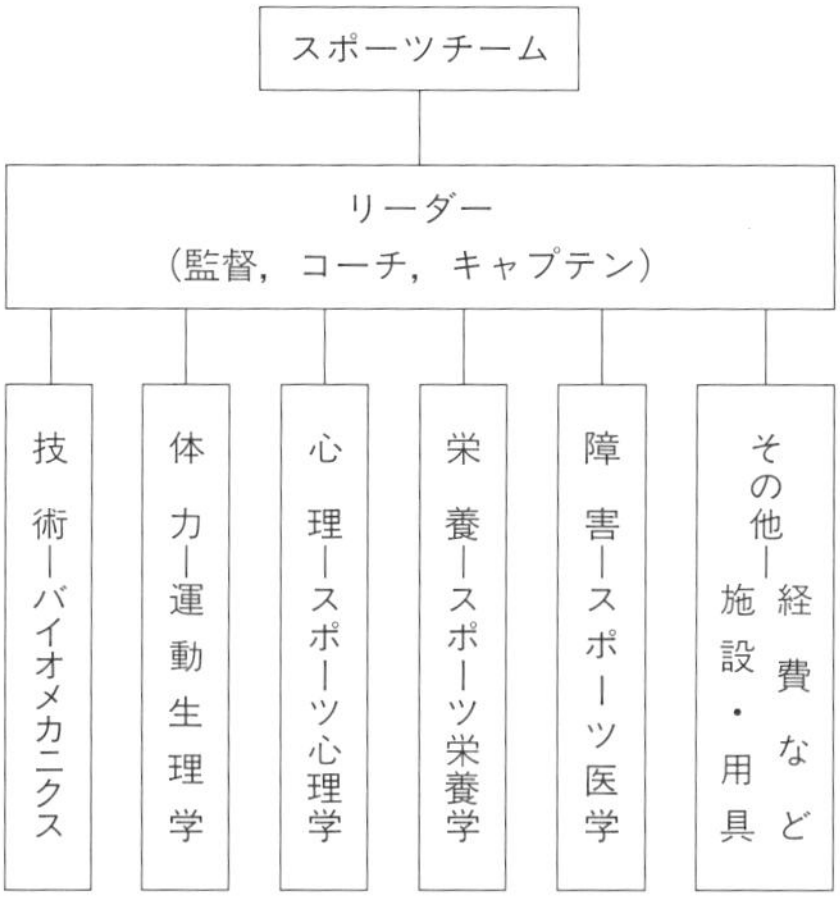

図56　スポーツチームを支える医・科学的サポート体制

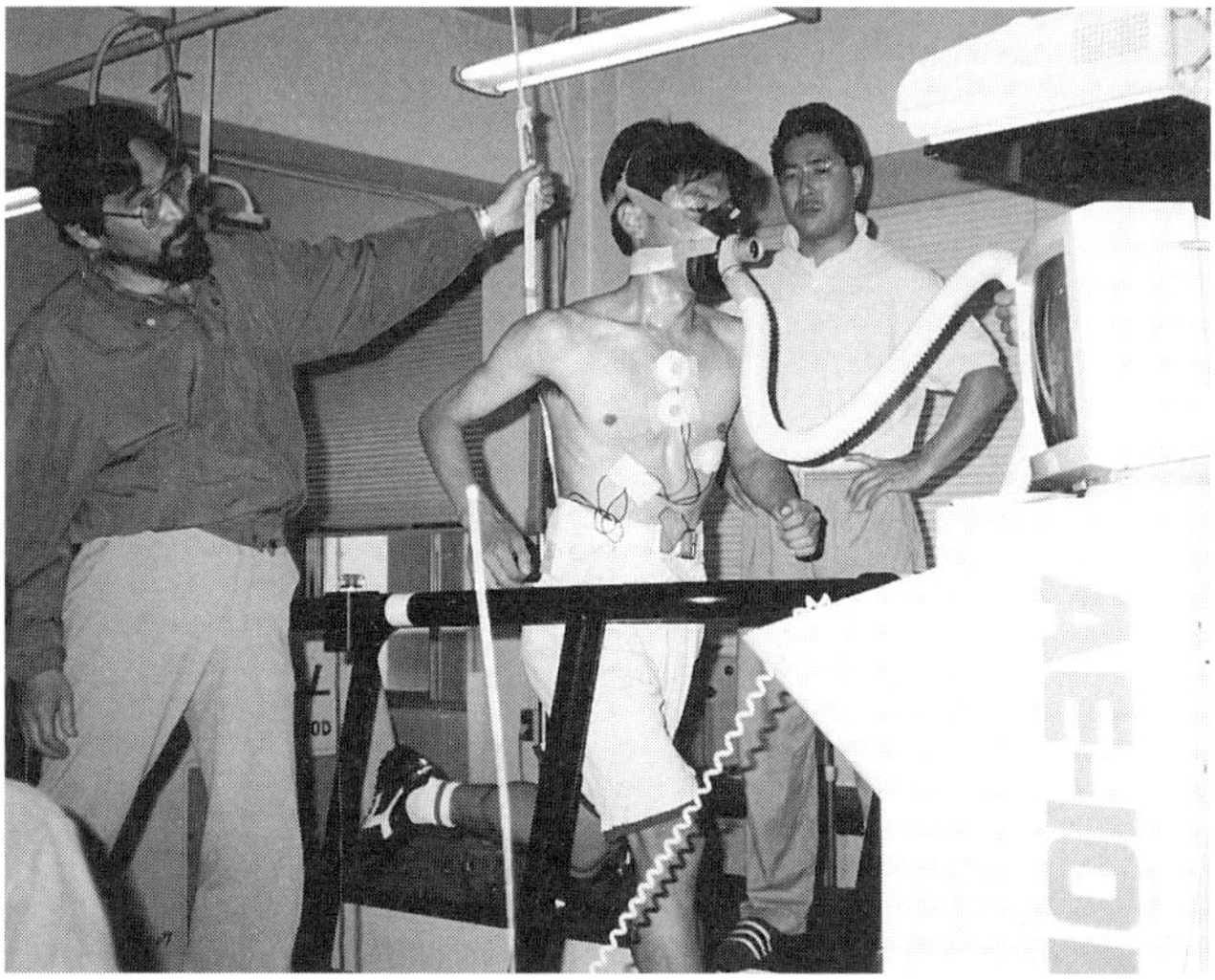

▲まず医・科学的な診断が大切です

スポーツの世界では心が温まり、勇気ややる気、励ましを与えてくれます。多くのサポートを得ながら向上心を高めていくことができます。

2　競技力の診断

現在の競技力を客観的に診断する必要があります。

まず技術面については、試合の結果などからチームや個人のレベルが明確にできます。チームや個人の技術レベルを確認したうえで、何ができて、何ができていないのかといった技術面の長所と短所を明確に診断することが大切です。ビデオテープやスコアブックなどを通して、現在の技術レベルを客観的に診断する必要があります。

体力面については、筋力、持久力、瞬発力、柔軟性、敏しょう性、バランス（平衡性）などを測定します。また、形態（体格）面では、身長、体重、胸囲、前腕囲、上腕囲、下腿囲、大腿囲や皮下脂肪厚、骨密度などを測定し、一流選手と比較したり、個人の変化を客観的に診断してください。

心理面については、本書で紹介した心理的競技能力診断検査（DIPCA.3）、試合前の心理状態診断検査（DIPS-B.1）、試合中の心理状態診断検査（DIPS-D.2）があります。そのほか、体協競技動機テスト（TSMI）、矢田部・ギルフォード性格診断（Y—G性格検査）、内田・クレペリン作業検査、スポーツ競技不安テスト（SCAT）、スポーツ競技状態不安テスト（CSAI.2）、POMS（ポムス、気分プロフィール検査）、ＴＥＧ（東大式エゴグラム）、ＳＰＴＴ（チーム診断テスト）など、多くの質問紙による検査法があります。目的に応じて選択する必要があります。

また、ビデオテープやスコアブックなどを通して、選手の動き、表情などから心理面を診断したり、最近は脳波や皮膚温を使ったバイオフィードバック機器を利用して集中力やリラックス能力を診断することもできるようになりつつあります。

このほか、栄養面や生活面、医学面（メディカル・チェック）の診断も重要です。食物摂取調査や採血による栄養診断、医者による運動負荷による心電図・血圧のチェックなども必要です。いずれにしても多くの測定機器や場所が必要ですので、専門家に頼らざるを得なくなります。県立や市町村のスポーツセンター、大学の体育・スポーツ関係者を訪ねるなどして、協力を依頼する方法をとるのが得策だと思います。

3　適切な目標を設定する

競技力の診断に基づいて、チームの目標と個人の目標を明確にすることが必要です。適切な目標設定が向上心を高めることは、多くの研究で証明されています。この目標設定にもっと多くの時間をかけるべきです。指導者が立てた目標に選手が素直に従う時代は過ぎました。指導者と生徒（会員、クラブ員）が十分に話し合って、適切な年間目標や各試合の目標が設定されるべきです。高すぎる目標や低すぎる目標は修正して、今の自分の生活環境の中で努力すれば達成できそうな目標を設定し、達成感を味わい、新たな目標をつくって挑戦してください。

4　選手としての知的能力を高める

指導者の知識が高まることは重要なことです。しかし、グラウンドやコートなどで実際にプレイするのは、指導者ではなく、選手です。指導者の指示やサインだけで動くような選手は、将来は伸びません。選手自身が考え、決断し、行動できるようになることが重要です。

練習や試合場面で一人の選手として自立でき、自己管理能力をもち、自主的・創造的活動ができる選手に育てることが、一流選手になるための重要な側面です。

そのためには、選手の知的能力を高めることが必要になります。グラウンドやコートでの、実践的練習だけでなく、理論的に理解できることが大切です。講義や書物を通して、技術面、体力、心理、食事、障害など、スポーツ選手として必要な知識を身につけなければなりません。一人の指導者では、難しい分野もあるので、専門分野の指導者の協力を得て、選手自身が直接、講義を受けることも、これからのスポーツ指導では重要なことと思われます。県や市で開催される講習会や研修会に参加させるのも得策です。一人の選手が競技力を高めるためには、技術の練習のみでなく、多くの知識を身につけることが必要であり、一人の人間としての知的能力を高めることが重要です。

5　自宅でもメンタルトレーニングをする

この本では、心理面の強化を紹介してきました。これまでの理論的説明を、実際の指導の中に生かしてください。

激しい練習を通して養われてきた自分のベストプレイを、試合の場で十分に発揮するためには、心理的競技能力（通称、精神力）を強化する必要があります。これまでハードな身体的練習や試合を体験することによってのみ養われてきた心理的競技能力を、心理的方法を用いて強化しようとするのが、スポーツ選手のためのメンタルトレーニングです。近年、競技力の向上をめざすスポーツ選手には、メンタルトレーニングの必要性が強く指摘されています。

著者が紹介してきたスポーツ選手に必要な心理的競技能力は、競技意欲を高める能力（忍耐力、闘争心、自己実現意欲、勝利意欲）、精神を安定・集中させる能力（集中力、リラクセーション、自己コントロール能力）、自信（自信、決断力）、

▲メンタルトレーニング後の選手とスタッフ

作戦能力(予測力、判断力)、そして協調性の能力でした。これらの能力は、確かに、身体的練習を通して養われますが、意図的・体系的に心理的方法を用いて養うことも重要です。

その順序としては、目標の設定、リラクセーションや集中力のトレーニングをした後、イメージを用いて、いろいろな心理的競技能力を養うということでした。

そして、試合に際しては、メンタルな動きができるように練習の時から動きづくりを行い、試合前の心理的準備を十分に行い、試合に参加します。試合後は試合中の心理状態や実力発揮度、目標の達成度などを評価し、今後の課題をきちんと整理して目標を修正したり、新たな目標を設定することです。

このような内容を日ごろの練習や試合出場の中だけでなく、自宅でもマル秘練習をしてください。前述したリラックス、集中力、イメージ、メンタルな動きづくりの5分間練習を参考にして、自宅でもメンタルトレーニングをしましょう。

6　強い相手を求めて、練習や試合をする

スポーツ選手にとって「最大の教師は試合である」と言われます。試合をすることによって、自分やチームの長所と短所が明確になります。したがって、個人やチームの競技力を高めるためには、自分より強い相手を求めて、練習や試合をすることが大切になります。

もちろん、試合ばかりでは良くありませんので、練習を積んで、適切な時期に、適切な相手を求めて挑

戦する実践の場が必要になります。「頑張れば勝てる」くらいの相手が最も良いわけですが、相手もそう思っているので、実際は難しい交渉だと思います。

しかし選手にとっては、努力して「勝つ」という味を知ることが必要なので、そういう大会や練習相手を適切に選択して、試合をしてください。そして、「勝つ→自信」や「目標達成→成功→自信」となるように試合を選択していくことが重要といえます。

最後にもう一言つけ加えます。スポーツ選手にとって試合とは、音楽、絵画、書道などの芸術的活動にたとえれば、展覧会、発表会、コンサートなどと同じだと思います。入選できなかったり、うまくできなかったら、もう一度一生懸命に練習して、また出品すればよいのです。スポーツの試合は展覧会と同じです。努力して自分の技術、体力、心理を磨き、出品する気持ちになることが大切です。向上心を持ち、努力し続けることが価値あることです。

ベストプレイを発揮し、勝利へつながる道は、こうした過程を通して高められていくのです。

▲目標(夢)は大きくオリンピック出場……

資料1

スポーツ選手(水泳選手)のイメージトレーニングの方法

この章では水泳選手のイメージトレーニングの具体的なプログラム例を紹介します。第1セッションから第6セッションまであり、その内容は次のとおりです。

第1セッション(イメージの基本練習)
第2セッション(感情イメージ)
第3セッション(目標設定の確認と達成イメージ)
第4セッション(作戦イメージ)
第5セッション(試合前の気持ちづくりイメージ)
第6セッション(試合当日のイメージ)

1　第1セッション（イメージの基本練習）

1 イメージトレーニングの説明とリラックスのトレーニング

今から、イメージトレーニングを始めます。ここで言うイメージトレーニングは、過去・未来の成功したイメージや理想の泳ぎを、頭の中で描くことによって、脳や筋肉にその感じを覚えさせ、実力を十分に発揮できるようにするための方法です。

つまり私たちは、頭の中にはっきりイメージを描くことができれば、実際に行動した時と同じように、脳や筋肉が働きます。このことを利用して、椅子に座ったままで、試合で発生するいろいろなことに慣れておこうとするものです。

これからトレーニングする各セッションのイメージの内容は、あらかじめ色彩豊かな絵やメモに書いて、イメージを描くと、より効果が上がるでしょう。

この第1セッションでは、プールの水面などの風景やプールで泳いでいるイメージなどの基本練習を行います（0～1分）。

・それではまず、筋の緊張とリラックスを行いましょう。

目を閉じて、大きく深呼吸してください（1分〜1分30秒）。

・今度は手と肩に力を入れて、パッと抜いて、息を吐き出しましょう。

両手と肩の緊張とリラックスを感じてください（1分30秒〜2分）。

・今度は肩と顔に力を入れて、パッと抜いてください。

力を抜いたら、息は細ーく、長ーく吐いてください。

「とても気持ちが落ち着いています」

そのようにして、徐々に体の緊張をとってください。しばらくリラックスした感じを味わってください。

それでは目を閉じたまま、一度大きく深呼吸をして、静かに目を開けてください。ここで約1分間休憩をします（2分〜3分）。

2　色、風景のイメージ

・今度はイメージの基本練習として、子供のころに遊んだ風景、あなたが体験した最も雄大で広々とした風景、そしてプールの水面の青い色の3つを描く練習をします（0〜30秒）。

・それでは目を閉じて深呼吸してください。2〜3回大きく深呼吸しながら、全身の力を抜き、両手が温かい感じを出しましょう（30秒〜1分）。

・さあ、あなたが子供のころに楽しく遊んだ風景を、しばらくの間イメージに描いてください（1分〜1

分30秒）。

今度は、あなたが今まで体験した中で、最も雄大で広々とした風景の中から、あなたが最も好きな風景を描いてください（1分40秒～2分20秒）。

・最後にプールの水面の青々とした色をイメージに描いてください。

青い色をはっきりと描きましょう。はい、目をつむったまま大きく深呼吸をして、静かに目を開けてください。

静かに目を開けてください。

それでは約1分間休憩をします（2分20秒～3分）。

3 「見ている」「している」イメージ

・最後に、自分が泳いでいる姿をスタンドから眺めているイメージと、実際に自分で泳いでいるイメージの、2つの使い分けの練習をします。

それでは目を閉じて、深呼吸をしてください。2～3回大きく深呼吸しながら全身の力を抜き、両手が温かい感じを出しましょう（30秒～1分）。

・それでは、あなたが泳いでいる姿を、スタンドから眺めているイメージを描いてください（1分～1分30秒）。

・今度は、実際にあなたが泳いでいるイメージを描きましょう。単に視覚だけでなく、その時の力の入れ方、水の音、呼吸、リズム感などもはっきり描いてください（1分35秒～2分10秒）。

・もう一度、あなたが泳いでいるのを眺めているイメージを描いてみましょう（2分10秒～2分35秒）。

・最後にもう一度、実際にあなたが泳いでいるイメージを描いてください。

はい、目をつむったまま大きく深呼吸をしてください。

静かに目を開けてください。見ているイメージと、しているイメージを、使い分けられるように練習してください。

これで第1セッションのトレーニングを終わります（2分35秒～3分）。

2　第2セッション（感情イメージ）

1　調子の良かった時のプールの青い水面

このセッションでは、あなたがこれまでの大会で、最も調子の良かった時の競技場と、その時の気持ちをイメージに描く練習をします。

あらかじめ、どの大会で最も調子が良かったかを決めておくとよいでしょう。

さあ、始めます。ここでは目を開けたまま行ってください。

大きく深呼吸を行います。からだ全体に力をいれて息を吸ってください。止めてー

はい、パッと力を抜いてー

息は細ーく、長ーく吐き出します（0〜30秒）。

・それでは両手に注意を向けてください。

両手がジンジンして温かい感じを出してください。

「気持ちが落ち着いている」

「両手が温かーい」

あなたもそのようにつぶやいてください（30秒〜1分）。

・それでは、ここで目を閉じてください。そして青い色を、イメージに描いてみましょう。海の青い色、空の青い色を思い出してください（1分〜1分30秒）。

・「とても気持ちが落ち着いている」「両手が温かい」

▲大会会場をしっかりイメージに描こう

次にプールの水面の青い色を、イメージに描きましょう（1分30秒〜2分）。

・「とても気持ちが落ち着いている」「両手が温かい」

注意を集中して、プールの青い水面を思い出しましょう。

はい、それでは目を閉じたままやめてください。大きく深呼吸しましょう。では静かに目を開けてください。ここで約1分間休憩します（2分〜3分）。

2 調子が良かった時のプールのイメージ

・今度は、あなたがこれまでの大会で最も調子が良かった時のプールを、イメージに描く練習をします（0〜30秒）。

・それでは、目を閉じて、深呼吸をしてください。2〜3回大きく深呼吸をしながら、全身の力を抜き、両手が温かい感じを出しましょう（30秒〜1分）。

・それでは、最も調子が良かった時の会場のプール、スタンドをイメージに描いてください（1分〜1分40秒）。

・今度は、その時のスタート台、コースロープ、水面を描きましょう（1分40秒〜2分20秒）。

・最後に、その会場で最も印象に残っている場所を、できるだけクローズアップして、イメージを描いてください。

はい、目を閉じたまま大きく深呼吸をして、静かに目を開けてください。

それでは約1分間休憩します（2分20秒〜3分）。

3 過去の成功イメージ

・最後に、あなたがこれまでの大会で、最も調子が良かった時の泳ぎと、その時の嬉しかった気持ちを思い出す練習をします（0〜20秒）。

・それでは、目を閉じて深呼吸をしてください。2〜3回大きく深呼吸をしながら、全身の力を抜き、両手の温かい感じを出しましょう（20秒〜50秒）。

・さあ、最も調子が良かった時のスタート台に立っている姿を、イメージに描いてください。そしてその時、どんな気持ちだったかも思い出してみましょう（50秒〜1分30秒）。

・スタートからゴールまでの、快調な泳ぎを、はっきりとイメージに描いてください。腕のかき、キック、リズムに乗った泳ぎ、その時のペース配分などを、詳しく思い出してください（1分30秒〜2分15秒）。

・今度は、ゴールした時のことをイメージに描きましょう。やった、やったと両手をあげて喜んでいます。

よかった！最高！

嬉しい！

最後に、にっこりと笑顔をつくってみましょう。

はい、大きく深呼吸をして、静かに目を開けてください。鮮明なイメージを描くともっと効果が上がります。

これで第2セッションのトレーニングを終わります（2分15秒〜3分）。

3　第3セッション（目標設定の確認と達成イメージ）

1　リラックスとプールのイメージ

このセッションでは、今度の大会の目標設定と目標達成のイメージトレーニングを行います。まず初めに、リラクセーショントレーニングを行います。

さあ、始めましょう。目を閉じて、大きく深呼吸を行ってください。息を吐くたびに、体全体の力を抜いていきましょう（0〜20秒）。

・それでは、両手に注意を向けてください。

「気持ちが落ち着いている」

「両手が温かい」

「両手がとても温かい」

そのようにあなたもつぶやいてください（20秒〜1分）。

・それでは、ここで、あなたが過去の大会で最も調子の良かった競技場を、イメージに描いてください。
・プールの青い水面、スタート台、コースロープをはっきり描いてください。競技場のスタンドや観客も見えます。

「とても落ち着いている」

あなたも、そのようにつぶやきながら、競技場のイメージを描いてください。

しばらくそのまま続けてください（1分〜1分30秒）。

はい、それでは目を閉じたまま、大きく深呼吸をしてください。そして静かに目を開けましょう。

ここで約1分間休憩をします（1分30秒〜3分）。

2 目標設定イメージ

・それでは、今度の大会の目標と目標達成の課題を確認しているイメージを描く練習をしましょう。
・さあ、目を閉じて深呼吸をしてください。2〜3回大きく深呼吸しながら、全身の力を抜き、両手の温かい感じを出しましょう（15秒〜45秒）。
・それでは、今度の大会の目標のタイムと順位を確認してください（45秒〜1分15秒）。
・今度は、体力面の課題を確認してください（1分15秒〜1分50秒）。
・次に、泳ぎの課題を確認しましょう（1分50秒〜2分25秒）。
・最後に、精神面の課題は何だったでしょう。あなたの課題を確認してください。

はい、目をつむったまま大きく深呼吸をして、静かに目を開けてください。

それでは約1分間休憩します。（2分25秒〜3分）

3 目標達成イメージ

・最後に、目標を達成するために努力している姿と、目標を達成した姿をイメージに描く練習をします（0〜15秒）。

・それでは、目を閉じて深呼吸をしてください。2〜3回大きく深呼吸をしながら、全身の力を抜き、両手の温かい感じを出しましょう（15秒〜45秒）。

・それでは、体力トレーニングに黙々と励んでいるあなたを、イメージに描いてください（45秒〜1分15秒）。

・今度は、泳ぎの課題に注意して、一生懸命練習しているイメージを描いてください（1分15秒〜1分50秒）。

・今度は、練習の時に、精神面の課題を達成しているイメージを描いてください。試合の時と同じように集中し、自信をもっています（1分50秒〜2分25秒）。

・最後に、今度の大会の目標を達成して喜んでいる姿をイメージに描きましょう。
あなたを応援してくれた人たちが、喜んでくれています。
あなたも「よかった！」「嬉しい！」と喜んでいます。

はい、目をつむったまま大きく深呼吸して、静かに目を開けてください。
これで第3セッションのトレーニングは終わりです（2分25秒〜3分）。

4　第4セッション（作戦イメージ）

1　目標の確認

・このセッションでは、あなたが最も理想とする泳ぎと、今度の大会の作戦の、イメージトレーニングを行います。

それではまず初めに、リラクセーショントレーニングを行います。

さあ、始めましょう。

ここでは、目を開けたまま、深呼吸を行ってください。

息を吐くたびに全身の力を抜いていきましょう（0〜40秒）。

・それでは両手に注意を向けてください。

「気持ちが落ち着いている」

「両手が温かい」

「両手がとっても温かい」

あなたもそのようにつぶやいてください（40秒〜1分20秒）。

・それではここで、今度の大会の目標達成の課題を確認しましょう。

今度の大会の目標タイムの順位、体力トレーニングに励んでいるあなたの姿、泳ぎの課題を練習しているイメージ等を確認してください。

はい、それでは目を閉じたまま、大きく深呼吸をしてください。

そして静かに目を開けましょう。

ここで約1分間休憩をします（1分20秒〜3分）。

2 理想の泳ぎ

・今度は、あなたが最も理想とする泳ぎのイメージを描く練習をします。スローモーションで、自分の泳ぎの理想のイメージを描いてください（0〜15秒）。

・それでは、目を閉じて深呼吸してください。2〜3回大きく深呼吸をしながら、全身の力を抜き、両手が温かい感じを出しましょう。（15秒〜45秒）

・それでは、スタート台に立ってからの構え、飛び込み、水面に出るまでのあなたの理想的なスタートを何回もしてください（45秒〜1分40秒）。

・今度は、理想の泳ぎをイメージに描きましょう。

手のかき方、足の動かし方、体のローリングなど、あなたが理想とするフォームで泳いでください（1分40秒～2分20秒）。

・最後に、あなたが理想とするターンとゴールのタッチをイメージに描きましょう。

はい、目をつむったまま大きく深呼吸をして静かに目を開けてください。それでは約1分間休憩します（2分20秒～3分）。

3 ペース配分とタイム・トライアル

・最後に、今度の大会の作戦を練習します。

あなたが出場する種目の目標タイムとペースの配分を、あらかじめメモに書いてください。そしてメモどおりに泳いでいる姿と、イメージの中で、実際に目標タイムで泳ぐ練習をします。前もってストップウォッチを準備しておいてください（0～30秒）。

・それでは目を閉じて深呼吸をしてください。2～3回

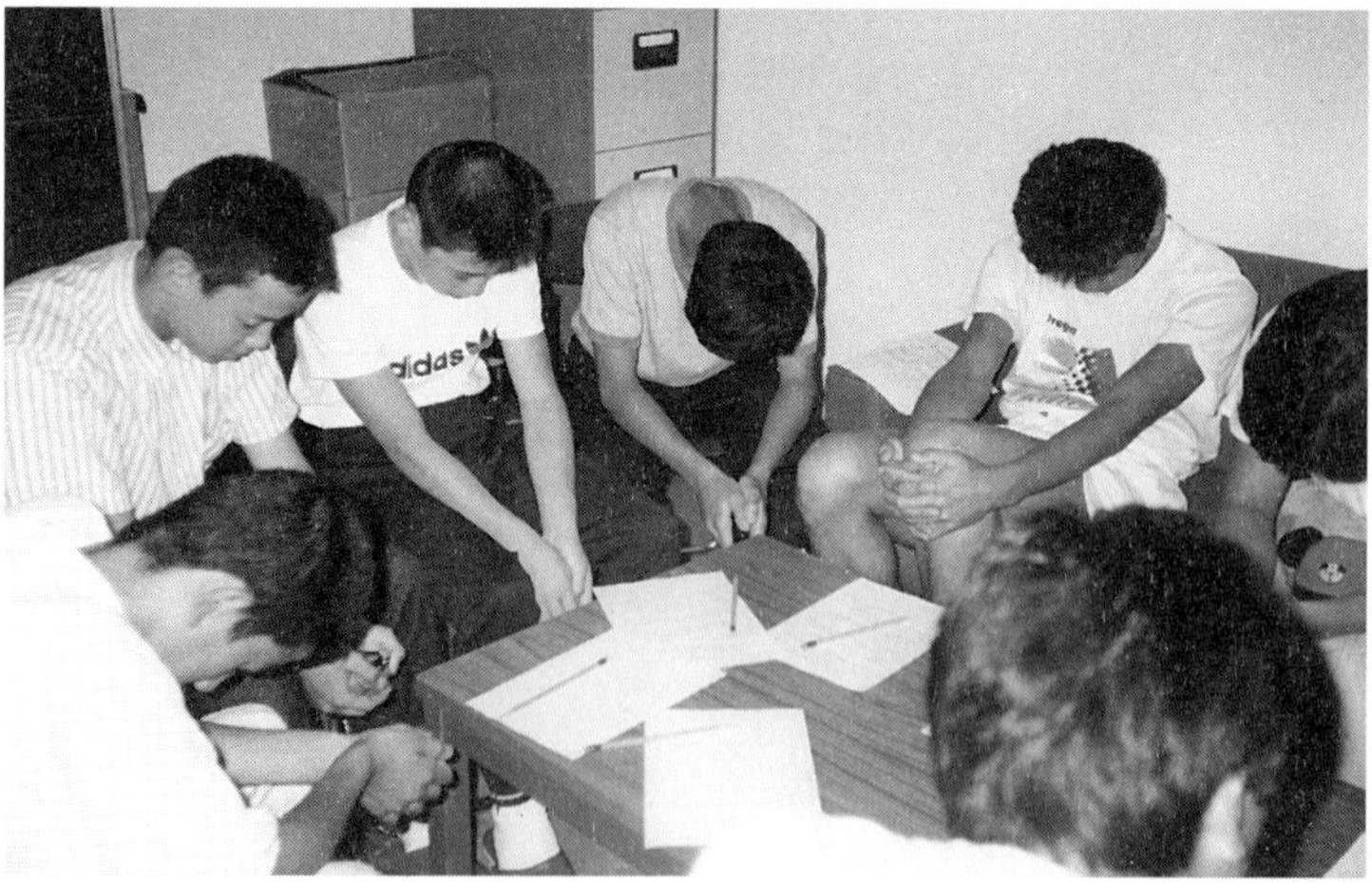

▲イメージを用いてペース配分やタイム・トライアルを練習するジュニア水泳選手

大きく深呼吸をしながら、全身の力を抜き、両手の温かい感じを出しましょう（30秒～1分）。

・それでは、スタートしてからゴールまでのペース配分をイメージに描きましょう。前半のペース、そして後半のラストスパートの時期などを、イメージに描いてください（1分～1分30秒）。

・今度は、仮に100ｍに出場するとして、頭の中で目標タイムに近づくように泳いでみます。時間を準備して、スタートからゴールまでのイメージを描き、その時のタイムを計ってください。「用意、ドン」の合図でストップウォッチを押し、ゴールしたら目を開けて時間を計ってください。それでは始めます。

「用意、ドン！」

はい、時間のズレはどれくらいありましたか。あなたが出場する種目について、何回も練習して、あなたの作戦を、頭にしっかりたたきこんでおきましょう。

これで第4セッションのトレーニングは終わりです（1分30秒～3分）。

5　第5セッション（試合前の気持ちづくりイメージ）

1　理想の泳ぎとペース配分

・このセッションでは、試合前の気持ちづくりを練習します。試合前になると、誰でも不安になったり、プレッシャーを感じたりするものです。そこで、プレッシャーに打ち勝つための、心の持ち方をトレーニングします。それではまず初めに、リラクセーション・トレーニングを行います。

さあ、始めましょう。

目を閉じて、大きく深呼吸を行ってください。息を吐くたびに、からだ全体の力を抜いていきましょう（0〜30秒）。

・それでは、両手に注意を向けてください。

「気持ちが落ち着いている」

「両手が温かい」

「両手がとても温かい」

そのようにあなたもつぶやいてください（30秒〜1分）。

・それではここで、水泳競技場をイメージに描いてください。

そして、あなたの最も理想とする泳ぎのイメージで、泳いでください。

・次に、スタートしてからゴールまでの、ペース配分を確認して泳いでみてください（1分〜2分）。

はい、それでは目を閉じたまま大きく深呼吸をしてください。

そして静かに目を開けましょう。

ここで1分間休憩します（2分〜3分）。

2 勝敗に対する態度と積極性

・今度は、試合前の気持ちの持ち方について練習します。
それでは、目を閉じて深呼吸をしてください。2〜3回大きく深呼吸しながら、全身の力を抜き、両手が温かい感じを出しましょう（0〜1分）。

・最初に、勝敗に対する態度を整理しておきましょう。あなたはこれまで、勝つためや優勝を目標に練習してきました。しかし、試合に出る時は「勝ちたい」とか「負けられない」とか、勝ち負けにこだわるよりも、いかにして自分の実力を発揮するかに関心をもつようにしましょう。
次のようにつぶやいてください。

「勝ち負けにこだわらず、実力を出せばよい」。そのようにつぶやいてください。

「自分のために泳ぐのだ」（1分〜2分）。

・今度は、試合への積極的な気持ちを、イメージに描きましょう。
次のようにつぶやいてください。

「可能性へ挑戦しよう」

「積極的なレースをしよう」

今度は、本当に試合前になったつもりで、そのような積極的な気持ちになっているあなたをイメージに描いてください。

はい、目を閉じたまま大きく深呼吸をして静かに目を開けてください。気持ちが楽になり、なんだかファイトがわいてきましたね。

それでは約1分間休憩します（2分〜3分）。

3 精神の安定・集中と自信

・最後に、試合前の精神の安定・集中と、自信を高める練習をします（0〜15秒）。

・それでは目を閉じて深呼吸をしてください。2〜3回大きく深呼吸しながら全身の力を抜き、両手の温かさを感じましょう（15秒〜45秒）。

・それでは、精神を安定させ、集中しているイメージを描きましょう。
あなたはいま招集場で出番を待っています。ゆったりとした気分で、今日はとても落ち着いています。体はリラックスして、とても調子が良さそうです。試合の作戦を、冷静な気持ちでもう一度確認しています。これから始まるレースに意識を集中し、ゆったりした気分で待っているイメージを描いてください（45秒〜1分50秒）

・今度は自信を高めましょう。次のようにつぶやいてください。
「調子がいいから、いい記録が出せそうだ」

「なんだか自信がわいてきたぞ」

「これならやれる」

今度は、そのようにつぶやいているあなたを、イメージに描いてください。


はい、目を閉じたまま深呼吸をして静かに目を開けてください。

なんだか自信がわいてきましたね。

これで第5セッションのトレーニングは終わりです（1分50秒〜3分）。

6 第6セッション（試合当日のイメージ）

1 試合前の気持ちづくり

・試合当日、どのような気持ちで臨んでいるかは、大事なことです。
このセッションでは、試合当日の様子をイメージに描いたり、試合前日から当日にかけて、やるべきことを確認していくトレーニングをします。

それでは、まず初めにリラクセーション・トレーニングを行います。

さあ、始めましょう。

目を閉じて、深呼吸を行ってください。

それでは、両手に注意を向けてください。

「気持ちが落ち着いている」

「両手が温かい」

「両手がとても温かい」

あなたもそのようにつぶやいてください。（0～1分）
・それではここで、今度の大会の競技場をイメージに描いてください。もし行ったことのない時は、写真を見ておくとよいでしょう。あるいは、過去の大会で最も調子のよかった会場を、イメージに描いてください。
ここで、試合前の気持ちの整理を行います。

「自分の実力を発揮すればよい」

あなたもそのようにつぶやいてください。

次に、積極的な気持ちになることです。

「積極的なレースをしよう」

「調子がとても良い」

「いい記録が出せそうだ。やるぞ！」（1分～2分）
・もう一度、そのように繰り返しつぶやいてください。

はい、目を閉じたまま大きく深呼吸をしてください。
そして静かに目を開けましょう。
ここで約1分間休憩をします（2分〜3分）。

2 試合当日のイメージ

・今度は、これまで練習してきたことをすべて復習して、試合当日の様子を何回もイメージに描き、とっくに試合をしたかのように慣れておきましょう（0〜20秒）。

・それでは、目を閉じて深呼吸をしてください。2〜3回大きく深呼吸をしながら、全身の力を抜き、両手の温かさを感じましょう（20秒〜50秒）。

・それでは、たくさんの観客でうずまっているプールを、イメージに描いてください。

大観衆の声が聞こえます。次々とレースが進んでいます。あなたは今、多くの知らない選手といっしょに招集場で待っています。

次のようにつぶやいてください。

「とても冷静でリラックスしている」

「非常に調子がいい」

「いい記録が出せそうだ」

「チャレンジあるのみだ」

「積極的なレースをするだけだ」（50秒〜1分55秒）

今度は、そのような気持ちで待っているあなたを、イメージに描いてください。

・いよいよ、スタート台の前に、立っています。非常に冷静で、チャレンジ精神でいっぱいです。周囲のことはいっさい気にならず、ホイッスルの合図を待っています。「用意、ドン！」の合図があったら、あなたの理想のレースをイメージに描き、ゴールしたら静かに目を開けてください。

ホイッスルが鳴りました。

「用意、ドン！」

思ったとおりのレースができましたね。

「やった！」という気分です。

何回も練習してください。

それでは約1分間休憩します（1分55秒〜3分）。

❸ 試合前の確認

・それでは最後に、試合前日から試合までにすることを確認しておきます。すっかり準備ができて、安心して試合に出場できるようにしておきましょう。

ここでは目を開けたままで行ってください（0〜20秒）。

・前日は、いつもと同じ時間に床に就きましょう。あなたがもし眠れないようなことがあったら、あお向けに寝た姿勢で両手を体の外側におき、「両手が温かい」「両手が温かい」とつぶやいて、両手に温かさを出すことに意識を集中してください。それを続ければ、いつのまにか眠ってしまいます（20秒〜30秒）。

・それでは、次のことを頭の中で確認してください。

当日の朝にすること、大会会場での待ち時間の過ごし方、ウォーミングアップの開始時間とその方法、招集場ですること、そしてスタート台の前に立った時のこと、最後に、あなたの作戦をもう一度確認しておきましょう（50秒〜1分55秒）。

さて試合に関しては、すべて準備ができたものと思われます。もう何の心配も、不安もないはずです。あとは生活面でやり残したことはないか、身の周りはきちんと整理できたか、忘れ物はないかを確認しておきましょう。すべきことはすべて行いました。あとはリラックスした気持ちで試合を待つだけです。これで、第6セッションのトレーニングを終わります。

以上で、水泳のイメージトレーニングは全部終わりました（1分55秒〜3分）。

▲スポーツメンタルトレーニング指導士のカウンセリング

資料2

わが国における「スポーツメンタルトレーニング指導士」の養成

（平成13年4月1日発足）

●スポーツメンタルトレーニング指導士認定制度について

平成14年4月1日
日本スポーツ心理学会
資格認定委員会

1 目的

スポーツ心理学会を通して、スポーツ選手や指導者を対象に競技力の向上やスポーツの普及に貢献し、スポーツ心理学会の研究と実践の進歩と発展に資するとともに、競技力向上のための心理的スキルを中心にした指導や相談等を行う専門家の養成をはかるため、スポーツ心理学について一定の学識と技能を有する本学会会員に対し、日本スポーツ心理学会認定スポーツメンタルトレーニング指導士の称号を付与し、その資格の認定をする。

2 認定の条件（概要）

2種類の資格があり、それぞれ以下の条件を満たし、審査に合格することが必要（詳細は「資格申請の手引き」を参照のこと）。

⑴ スポーツメンタルトレーニング指導士補

本学会の会員として2年以上在会していること。学術上の業績5点以上、研修実績10点以上、指導実績30時間以上、本学会の講習会の受講、スーパーヴィジョン1回2時間以上を受けていること等。

⑵ スポーツメンタルトレーニング指導士

指導士補の資格を持つ者、学術上の業績25点以上、研修実績30点以上、指導実績100時間以上等。

3 必要な経費

資格申請書類及び資格認定申請の手引き　二、〇〇〇円

資格認定審査料　一〇、〇〇〇円

登録料　三〇、〇〇〇円

認定講習会（必修）の受講料　五、〇〇〇円

学術上業績		研修実績	
著書（単著）	5点	本講習会・研修会の講師	4点
著書（分担）	2点	本研修会参加	2点
学術論文	3点	本学会でのシンポ司会	2点
研究報告書	1点	本学会でのシンポ・指定討論者	2点
学会発表	1点	本学会への参加（準ずるものを含む）	1点
		その他の研修会への参加	1点

スーパーヴィジョンの受講料　五、〇〇〇円
資格認定研修会（自由）の受講料　一〇、〇〇〇円
なお、研修会や講習会における欠席者の受講料は返却しない。

4 認定までの概要

申請書類を提出し、書類審査に合格した者は認定講習会を受講する（書類審査に合格していない者は認定講習会の受講はできない）。その後、スーパーヴィジョンを受ける。認定講習会及びスーパーヴィジョンに合格した者に認定証を送付する。なお、資格認定希望者は認定講習会を必ず受講しなければならない。

また、認定研修会は勉強会や研修実績となるものであり、受講は自由である。

5 日　程

申請書類の請求：随時
申請書類の受付：4月1日（木）～6月下旬
認定講習会及び認定研修会：9月下旬～11月下旬
（毎年、日本スポーツ心理学会終了後に認定講習会及び認定研修会が実施されている）

6 資格申請の方法

学会に入会後、認定委員会事務局に資格認定書類、申請の手引きなど関連資料一式を請求し、必要事項を記入して下記に送付する（ただし、資格申請書類等を請求する時は、その経費二、〇〇〇円を郵便振替で振込み、そのコピーを同封すること）。

★請求先　〒152-8552　東京都目黒区大岡山2―12―1
東京工業大学大学院社会理工学研究科　石井研究室内
日本スポーツ心理学会・資格認定委員会

★経費振込み先　郵便振替払込口座番号00160-1-685778
口座名称　日本スポーツ心理学会資格認定委員会

★問い合わせ先　TEL03-5734-2288　FAX03-5734-3620
E-mail　jsspmt@ouhs.ac.jp

★スポーツメンタルトレーニング指導士会について

平成18年より指導士・指導士補の資格取得者の連携、資質・指導力の向上およびメンタルトレーニング指導活動の促進を目的に「スポーツメンタルトレーニング指導士会」が発足した。毎年、全国研修会および地区研修会を開催し、資格取得者や資格取得を志す人を対象にして研修活動を開始している。

なお、詳細は日本スポーツ心理学会ホームページ（http:www.jssp.jp）を参照。

参考文献

1 チャールズ・A・ガーフィールド、ハル・ジーナ・ベネット（荒井・東川・松田・柳原共訳）『ピークパフォーマンス』ベースボールマガジン社 *1988*

2 デビット・グラハム（白石 豊訳）『ゴルフのメンタルトレーニング』大修館書店 *1992*

3 江川 成『勝利への実践メンタル・トレーニング』チクマ秀版社 *1992*

4 ハーベイ・A・ドルフマン、カール・キュール（白石 豊訳）『野球のメンタルトレーニング』大修館書店 *1993*

5 花田敬一・竹村 昭・藤善尚憲『スポーツマン的性格』不昧堂出版 *1980*

6 鋒山 丕『実録メンタル・トレーニング』ポラックス *1989*

7 市村操一『プレッシャーに強くなる法』読売新聞社 *1990*

8 市村操一（編）『トップアスリートのための心理学』同文書院 *1993*

9 猪俣公宏『プレッシャーに強くなる法』ごま書房 *1992*

10 磯貝浩久ほか「サッカー選手の心理的競技能力に関する研究」第13回サッカー医・科学研究会報告書 *1993*

11 岩崎健一ほか「スポーツ選手に対するメンタル・トレーニングの実施と効用性」『九州体育学研究』第1巻*p. 23-35* *1987*

12 ジェイ・マイクス（石村宇佐一・鈴木 壮・吉澤洋二訳）『バスケットボールのメンタルトレーニング』大修館書店 *1991*

13 ジム・レーヤー（小林信也訳）『メンタル・タフネス』TBSブリタニカ *1987*

14 ジョー・ヘンダーソン（渡植理保訳）『ランナーのメンタルトレーニング』大修館書店 *1994*

15 勝部篤美ほか『ゴルフ、テニス、スキーのためのイメージトレーニング』光文社 *1988*

16 高妻容一『明日から使えるメンタルトレーニング』ベースボール・マガジン社 *1995*

17 九州大学健康科学センター（編）『健康と運動の科学』大修館書店 *1993*

18 松田岩男『現代スポーツ心理学』日本体育社 *1962*

19 松田岩男・清原健司編『スポーツ科学講座6 スポーツの心理』*1966*

20 中込四郎（編）『メンタルトレーニング・ワークブック』同和書院 *1994*

21 日本スポーツ心理学会（編）『スポーツメンタルトレーニング教本』 大修館書店 *2002*
22 長田一臣『日本人のメンタルトレーニング』 スキージャーナル *1995*
23 ラニ・バッシャム（藤井 優訳）『メンタル・マネージメント』 ヨルダン社出版事業部 *1988*
24 R・マートン（猪俣公宏監訳）『メンタル・トレーニング』 大修館書店 *1991*
25 ロバート・S・ワインバーク（海野 孝、山田幸雄、上田 実共訳）『テニスのメンタルトレーニング』 大修館書店 *1992*
26 R・ナイデファ、R・フェアバンク（藤田 厚、杉原 隆訳）『テニス・メンタル必勝法』 大修館書店 *1988*
27 R・M・スイン（園田順一訳）『スポーツ・メンタルトレーニング』 岩崎学術出版社 *1995*
28 志賀一雅『集中力を高めるアルファ脳波術』 ごま書房 *1987*
29 高橋慶治『メンタルトレーニング』 朝日出版社 *1994*
30 高橋慶治『スポーツ別メンタルトレーニング』 ナツメ社 *1995*
31 徳永幹雄（編）『テニスの科学』 九州大学出版会 *1985*
32 徳永幹雄ほか『現代スポーツの社会心理』 遊戯社 *1985*
33 徳永幹雄（代表）「競技不安の形成・変容過程と不安解消へのバイオフィードバック適用の結果の研究」 昭和60年度文部省科学研究費（一般研究C）研究成果報告書 *1986*
34 徳永幹雄・橋本公雄「スポーツ選手の心理的競技能力のトレーニングに関する研究(3)―テニス選手のメンタル・トレーニングについて」 『健康科学』第10巻*p. 79-88 1987*
35 徳永幹雄・橋本公雄「スポーツ選手の心理的競技能力の診断とトレーニングに関する研究」『デサントスポーツ科学』第8巻*p. 139-148 1987*
36 徳永幹雄・橋本公雄「スポーツ選手の心理的競技能力のトレーニングに関する研究(4)―診断テストの作成―」『健康科学』第10巻*p. 73-84 1988*
37 徳永幹雄「国体選手の意識および心理的競技能力の問題―昭和61年度福岡県選手のアンケート調査より―」『福岡スポーツ医・科学研究』第1巻*p. 30-53 1988*
38 徳永幹雄・橋本公雄・有川秀之「陸上短距離選手のメンタル・トレーニングに関する事例研究」『陸上競技紀要』第1巻*p. 48-56 1988*

39 徳永幹雄「精神集中のためのプログラム—その事例—」『臨床スポーツ医学』第5巻第11号p. 1241-1248 1988
40 徳永幹雄「スポーツ選手の心理的競技能力の診断とトレーニングに関する研究」平成2年度文部省科学研究費（一般研究Ｂ）研究成果報告書 1991
41 徳永幹雄・橋本公雄「イメージトレーニング」箱田裕司編著『イメージング』p. 40-77 サイエンス社 1991
42 徳永幹雄「メンタルトレーニング」成瀬悟策編『現代のエスプリ別冊・健康とスポーツの臨床動作法』p. 182-192 至文堂 1992
43 徳永幹雄「スポーツ選手の精神力を鍛える—選手の心理的競技能力の診断とトレーニング法」『保健体育学教室』第3号（通巻２２１号）p. 17-20 1993
44 徳永幹雄ほか「スポーツ選手の心理的競技能力の「特性」および「状態」に関する研究—準硬式野球大会参加選手について—」『健康科学』第16巻p. 65-74 1994
45 徳永幹雄「運動学習とイメージ」『理学療法』第11巻 第11号p. 19-24 1994
46 徳永幹雄「心理的能力と評価」『体育科教育』第42巻 第14号p. 47-50 1994
47 徳永幹雄「持久力の心理的要因」石河利寛・竹宮 隆編『持久力の科学』p. 166-191 杏林書院 1994
48 徳永幹雄・橋本公雄「心理的競技能力診断検査用紙（ＤＩＰＣＡ．２）」および「心理的パフォーマンス診断検査用紙（ＤＩＰＰ．１）」㈱トーヨーフィジカル発行 1994
49 徳永幹雄「テニスのメンタルトレーニング・カード（ＴＭＴＣＡ．１）」㈱トーヨーフィジカル発行 1994
50 徳永幹雄「スポーツ選手のメンタルトレーニング・カード（ＭＴＣＡ．１）」㈱トーヨーフィジカル発行 1994
51 徳永幹雄ほか「スポーツクラブ経験が日常生活の心理的対処能力に及ぼす影響」『健康科学』第17巻p. 59-68 1995
52 徳永幹雄ほか「全日本柔道選手の心理的競技能力に関する研究」『柔道科学研究』第3巻p. 9-21 1995
53 徳永幹雄「競技者の心理的コンディショニングに関する研究—試合前の心理状態診断法の開発—」『健康科学』第20巻p. 21-30 1998
54 徳永幹雄ほか「試合中の心理状態の診断法とその有効性」『健康科学』第21巻p. 45-51 1999
55 徳永幹雄ほか「心理的競技能力の性差及び競技レベル差」『健康科学』第22巻p. 109-120 2000
56 徳永幹雄ほか「心理的競技能力の評価尺度の開発とシステム化」『健康科学』第23巻p. 91-102 2001

57 徳永幹雄（編）『健康と競技のスポーツ心理』不昧堂出版 *2002*
58 徳永幹雄ほか（編著）『Ｑ＆Ａ　実力発揮のスポーツ科学』大修館書店 *2002*
59 トーマス・タツコ、アンバート・トッシー（松田岩男・池田並子訳）『スポーツ・サイキング』講談社 *1978*
60 内山喜久雄『心の健康—自己コントロールの科学—』日本生産性本部 *1979*
61 Ｗ・Ｔ・ガルウェイ（後藤新弥訳）『インナーゲーム』日刊スポーツ出版社 *1976*

●あとがき

本書は、１９９６年に発刊した初版の改訂版です。新しく追加したのは、「試合前の心理状態診断検査」「５分間練習法」及び「自信」に関連する箇所ですが、それ以外のところもできるだけわかりやすく改訂したつもりです。

初版から７年が経過しましたが、この間、ようやく２０００年から、わが国でも日本スポーツ心理学会で「スポーツメンタルトレーニング指導士」の養成が開始されるようになりました。その概要を資料２に掲載しましたのでご参照ください。

日本のスポーツ界では、２００１年に国立スポーツ科学センターが設置され、医・科学的サポート体制がスタートしています。スポーツ心理学に興味を持つ人々が日々研鑽され、多くのスポーツ選手の心理的サポートをして頂ければ幸いです。

最後に、本著に引用した数々の研究の共同研究者である橋本公雄教授(九州大学健康科学センター)、花村茂美講師（九州大学健康科学センター）、磯貝浩久助教授（九州工業大学）、そして資料の整理を気持ちよく手伝って頂いた久保桂子氏、本書の出版に多大な援助を頂いた大修館書店の平井啓允取締役及び編集第三部の丸山真司氏、さらには、家庭にあって執筆作業を励ましてくれた妻・佳子などの皆さんに、深甚の謝意を表したいと思います。

追記　心理的競技能力診断検査についての問い合わせは、トーヨーフィジカル（本社福岡市　０９２-５２２-２９２２）へお願いします。

徳永 幹雄（とくなが　みきお）

一九三九年二月十二日福岡県生まれ。一九六一年広島大学教育学部体育科卒業。一九六二年九州大学教養部助手、講師、助教授。一九八七年九州大学健康科学センター教授、同センター長を経て、二〇〇二年定年退職、同名誉教授。現在、第一福祉大学教授。一九七八年医学博士号取得。一九八二年文部省在学研究員として米国イリノイ大学に留学。役職として日本スポーツ心理学会会長（前）、九州スポーツ心理学会会長（前）、日本体育学会理事、九州体育・スポーツ学会会長（前）。文部省コーチ・スポーツ指導員養成講習会講師、健康運動士養成講習会講師などを歴任。日本スポーツ心理学会認定「スポーツメンタルトレーニング指導士」、メンタルトレーニング指導士会会長。

平成十六年度全日本ベテランテニス選手権六十五歳以上シングルス出場（日本テニス協会ランキング六十五歳時四十三位、六十六歳時五十位、六十七歳六月時五十七位）。

おもな著書（共著）
・スポーツ行動の予測と診断（不昧堂出版）
・現代スポーツの社会心理（遊戯社）
・健康と運動の科学（大修館書店）
・テニス教室（大修館書店）
・テニスの科学（九州大学出版会）
・Q&A　実力発揮のスポーツ科学（大修館書店）
・健康と競技のスポーツ心理（不昧堂出版）
・スポーツメンタルトレーニング教本（大修館書店）
・教養としてのスポーツ心理学（大修館書店）など。

●ベストプレイへのメンタルトレーニング
初版発行——一九九六年六月一〇日

ベストプレイへのメンタルトレーニング　改訂版

NDC 780 231p 19cm

改訂版第一刷——二〇〇三年六月二〇日
第四刷——二〇一〇年九月　一日

著者——徳永《とくなが》幹雄《みきお》
発行者——鈴木一行
発行所——株式会社　大修館書店
〒一〇一-八四六六　東京都千代田区神田錦町三-二四
電話03-3295-6231（販売部）03-3294-2358（編集部）
振替00190-7-40504
[出版情報] http://www. taishukan. co. jp/

装幀者——井之上聖子　イラスト——今城啓子
組版・製版——写研　カット——白石佳子
印刷——錦明印刷　写真——フォート岸本
製本——司製本

ISBN978-4-469-26528-6　Printed in Japan